国家语言资源监测与研究中心少数民族语言分中心计算语言学系列丛书
中央民族大学“计算机体系结构”实验教材

赵小兵◎主编



# 计算机体系结构实验教程

JISUANJI TIXI JIEGOU
SHIYAN JIAOCHENG

孙 媛 赵小兵◎编著

中央民族大学出版社
China Minzu University Press

**图书在版编目(CIP)数据**

计算机体系结构实验教程 / 孙媛,赵小兵编著. —北京:中央民族大学出版社, 2018.5 (重印)

ISBN 978-7-5660-1101-5

Ⅰ.①计… Ⅱ.①孙…②赵… Ⅲ.①计算机体系结构—高等学校—教材 Ⅳ.①TP303

中国版本图书馆 CIP 数据核字(2015)第 274660 号

**计算机体系结构实验教程**

| | |
|---|---|
| 编　　著 | 孙　媛　赵小兵 |
| 责任编辑 | 满福玺 |
| 封面设计 | 汤建军 |
| 出 版 者 | 中央民族大学出版社 |
| | 北京市海淀区中关村南大街 27 号　邮编:100081 |
| | 电话:68472815(发行部)传真:68932751(发行部) |
| | 68932218(总编室)　68932447(办公室) |
| 发 行 者 | 全国各地新华书店 |
| 印 刷 厂 | 北京建宏印刷有限公司 |
| 开　　本 | 880×1230(毫米)　1/32　印张:3. 25 |
| 字　　数 | 78 千字 |
| 版　　次 | 2018 年 5 月第 2 次印刷 |
| 书　　号 | ISBN 978-7-5660-1101-5 |
| 定　　价 | 22. 00 元 |

# 前　言

计算机体系结构是研究如何组织各个计算机部件，使其达到性能最大化，满足用户需求的一门学科。计算机体系结构是计算机科学领域的一个重要分支，在计算机发展中起着极其重要的作用。

实践教学不仅是体系结构理论联系实际的重要环节，更是提高学生实践创新能力的重要途径。因此，作者在多年从事体系结构教学的基础上，撰写了本书，力求提供给计算机科学与技术、软件工程、电子工程等专业本科生一本详细的实验教材。

全书分为 4 章。第 1 章介绍了计算机体系结构的基础知识，包括指令集结构发展、WinDLX 简介以及 DLX 指令集结构；第 2 章详细介绍了 WinDLX 模拟器的使用方法；第 3 章从 WinDLX 实验使用出发，设计了 DLX 流水线结构相关、数据相关以及流水线指令调度的基础实验；第 4 章在第 3 章的基础上，设计了 3 个提高性实验，即编译器对系统性能的影响、CPU 性能测试以及基于 Cache 的矩阵乘积算法性能改善实验。

本书力求深入浅出，叙述简明，可作为高等院校本科生教材和教师教学用书，也可供从事计算机体系结构等方面研究和开发工作的科技人员阅读参考。

本书由孙媛策划与统稿。赵小兵编写了第 1、第 2 章，其余由孙媛编写。

在本书编写过程中，得到了国家自然科学基金课题“基于词向量的藏语实体知识抽取方法研究”（项目号：61501529）、国家自然科学基金重点课题“跨语言社会舆情分析基础理论与关键技术研究”（项目号：61331013）以及北京高等学校青年英才计划项目“藏、汉跨语言话题检测方法研究”（项目号：YETP1291）的资助，在此深表感谢！

由于作者水平有限，书中难免存在缺点甚至错误，敬请广大读者批评指正。

# 目　录

# 第 1 章 计算机体系结构基础知识

## 1.1 指令集结构发展概述

IBM 资深专家 C. M. Amdahl 1964 年在介绍 IBM 360 系统时首先提出计算机体系结构（Computer Architecture）的概念：计算机体系结构是程序员所看到的计算机的属性，即概念性结构与功能特性。这些属性，也就是机器语言程序设计者（或编译程序生成系统）为使其设计（或生成）的程序能在机器上正确运行所必须遵循的计算机的属性，即计算机系统软硬件的界面，包括数据表示、指令集结构、中断系统、存储系统、I/O 结构等。其中，指令集结构又包括寻址规则、寄存器定义和指令系统等，它是 CPU 的外在表现形式，是计算机体系结构设计中的核心问题，是软硬件功能分配最主要的界面，也是计算机体系结构设计者、系统软件设计者和系统硬件设计者所共同关注的问题。

Bill Joy（Sun Microsystems 公司首席科学家兼首席执行官）曾开玩笑地说，高速缓存（Cache）是计算机科学中唯一重要的思想。事实上，高速缓存确实极大地影响了计算机体系结构的发展。另外，多处理器互连架构也是体系结构研究的一个主要问题。但是，计算机体系结构研究得最多的还是指令集结构。有一种观点认为，今天 CPU 周期已经非常富裕，受限的是数据的存取速度。

在 ENIAC 时代，基于累加器的指令集结构是在硬件资源十分有限的条件下必然的选择。1963 年，Barton 和 Burroughs 的设计师们把 B5000 设计成了堆栈系统结构，堆栈最上面的两个元素被保存在 CPU 中作为运算器的输入，而其他部分则保存在内存中。堆栈技术有很好的代码密度，但却只提供了两个高速的存储位置。原始 IBM 360 的论文作者 Amdahl，Blaauw，Brooks 和原始 PDP-11 的论文作者 Bell 等都反对堆栈的组织结构。1964 年的 IBM 360 首次提出“有相同系统结构的计算机系列应该能够运行相同软件”的思想，是第一个基于寄存器的指令集结构，拥有寄存器—内存指令和有限的内存—内存指令。360 被称为具有 360 度全方位的通用性，360 也因耗资 50 亿美元，远远超过当时美国政府制造原子弹的“曼哈顿计划”的 20 亿美元，而被称为“世纪豪赌”。原始 PDP-11 则是复杂指令计算机 CISC（Complex Instruction Set Computer）的典型代表。

20 世纪 70 年代初，人们开始意识到软件价格的增长比硬件价格的增长要快，编译器和操作系统越来越大，许多研究人员希望通过引入强有力的、基于软件的系统结构来缓解软件危机。DEC 的 VAX 系列因此闪亮登场，VAX 的设计目标是简化高级语言的编译，其指令集结构是 CISC 的典范，有 300 多条指令，十几种寻址方式，指令字长度从 1 字节到 53 字节，具有高度的正交性，甚至允许把高级语言的一条语句直接映射为一条机器指令。1991 年，Bhandarkar 和 Clark 给出了 VAX（Virtual Address eXtension）计算机与 RISC（Reduced Instruction Set Computer）计算机比较后有关缺点的大量分析，在技术上宣布了 VAX 的死刑。

20 世纪 80 年代初，计算机体系结构开始从为语言提供高级硬件支持的方向转移出来，为了提高 CPU 执行指令的速度，RISC 应运而生。1975 年，IBM 801 开始研制，项目负责人 John Cocke 因此获得 Eckert-Mauchly 奖和 Turing 奖。1980 年，Patterson 和他在 Berkeley 的同事们研发了 RISC-1 和 RISC-2。1981 年，Hennessy 和在 Stanford 的同事们发表了介绍 MIPS（Microprocessor without Interlocked Pipeline System）的文章。这些研究成果被工业界广泛采用，MIPS 系列是 RISC 的典型代表。

值得一提的是，Intel 公司的 80x86 系列是在 CISC/RISC 的激烈竞争中坚持下来的唯一 CISC。一方面，保持二进制兼容性在商业上极具重要性；另一方面，微电子技术的迅速发展使得 Intel 可以在外部支持 80x86 指令集，而在内部使用 RISC 指令集。

数字信号处理 DSP（Digital Signal Processing）的指令集结构和一般处理器的区别有以下几个方面：

（1）由于迭代算法通常涉及向量的点积，因而乘法和乘加指令相对比较重要。

（2）对数值错误很敏感，具有苛刻的实时要求。

（3）流式数据。

（4）较高的数据带宽。

（5）可预测的简单内存访问模式。

（6）可预测的程序流程。

早期 DSP 体系结构的效率很高，但为了高性能和高效率生产的高度专用的指令集使得为这种指令集的处理器编写编译器有很大的困难。直到 1995 年左右，设计师开始使用高性能通用处理器和科学应用处理器的技术来设计 DSP 新的指令集结构，使其具有更高的并行度，更快的时钟频率，更简单的类 RISC 指令集，如今 DSP 的体系结构很多，并且技术创新的速度也很快。

20 世纪 90 年代中有越来越多的设计人员转向了 SOC（System On Chip），虽然这种芯片不是处理器，但处理器在很大程度上决定了芯片的性能。

## 1.2 WinDLX 简介

美国斯坦福大学计算机系 John Hennessy 教授和加州伯克利分校计算机系 David Patterson 教授是计算机体系结构领域非常受人尊敬的学者和开拓者。John Hennessy 精通软硬件两个方面，是具有传奇色彩的 MIPS 编译器和几代 MIPS 硬件产品技术上的领导者。David Paterson 是 RISC 的最初提倡者之一，他首创了 RISC 一词，定义了 RISC 的含义，是 Sun 公司可扩充处理器框架 SPARC（Scalable Processor ARChitecture）的主要顾问。他提出了独立/廉价磁盘冗余阵列 RAID（Redundant Arrays of Independent Disks）的概念，推动了为海量数据服务器提供磁盘存储解决方案的工业革命，并且还提出了工作站网络 NOW 的概念。他们合著的著作《计算机系统结构——量化研究方法》是对计算机组织、系统结构研究和实践的全面而系统的总结，是计算机学科的经典名著。

“在这本书的很多地方我们会提到一种计算机的‘机器语言’，我们用的机器是一种假想计算机叫作‘MIX’，MIX 非常类似于实际存在的计算机，也许更加优秀一些。MIX 是世界上第一台多元未饱和的计算机。与许多机器一样，MIX 具有一个标识号码——1009。这个号码是由 16 种实际存在的计算机的标识号码取算术平均值之后得到的。这 16 种机器都和 MIX 十分类似，使得我们可以在这些计算机上模拟 MIX：「（360+650+709+7070+U3+SS80+1107+1604+G20+B220+S2000+920+601+H800+PDP-4+11）/16」=1009。同样的结果也可以通过使用罗马数字获得。”（摘录自 *Donald Knuth*，*The Art of Computer Programming*，*Volume*1：*Fundamental Algorithms.*）

“在这一节中，将描述一种被称为 DLX 的 load-store 系统结构，作者相信 DLX 是世界上第二台多元未饱和的计算机——它是当今实验与商业计算机的平均，而这些机器与 DLX 的设计思想十分接近。像 Knuth 所用的方法一样，我们通过罗马数字的平均值得到计算机的名称：

（AMD29K，DEXstation3100，HP850，IBM801，Inteli860，MIPSM/120A，MIPSM/1000，Motorola88K，RISC1，SGI4D/60，SPARCstation－1，Sun－4/110，Sun－4/260）/13＝560＝DLX。”

以上内容摘自《计算机系统结构——量化研究方法》（第二版）。它说明了 DLX 的基本含义。DLX 指令集结构是作者对当前大多数指令集结构研究的结果，是一种适合于学习和研究的指令集结构模型，不仅仅因为它在当前十分流行，同时因为它是一种容易理解的系统结构。

WinDLX 是一个基于 Windows 的 DLX 模拟器。有许多用来研究计算机体系结构的模拟器，如 Simplescalar，SimOS，SPM-Cache，DLXview 等，WinDLX 相对来说比较简单，便于教学。

## 1.3　DLX 指令集结构

### 1.3.1　DLX 的寄存器

DLX 有 32 个 32 位通用寄存器（GPR），名称为 R0，R1，R2，…，R31。另外还有一组浮点寄存器（FPR），它们既可以用作 32 个 32 位单精度浮点寄存器，也可以奇偶配对来存储双精度浮点数，即 F0 和 F1 构成一个 64 位双精度浮点数寄存器，F2 和 F3 构成一个 64 位双精度浮点数寄存器，以此类推。这些 64 位浮点数寄存器被命名为 F0，F2，…，F28，F30。这样，DLX 就提供了 32 个 32 位单精度浮点数寄存器或 16 个 64 位双精度浮点数寄存器。

这种设计是比较高效的。事实上，一般程序处理的数据总是某一类型，即要么是单精度，要么是双精度，若二者都出现，则可以把单精度扩展为双精度来处理。虽然双精度寄存器少了些，但这显然比在 CPU 中分别提供 32 个 32 位单精度寄存器和 32 个 64 位双精度寄存器要好，因为后者在大多数情况下有一半寄存器在休息，而这是用户花了钱买回来的。

R0 的值永远是零。有这样一个特点，就可以利用这个寄存器由简单指令集来合成一组有用的操作。另外，还有一些特殊用途的寄存器，这些寄存器可以和通用寄存器交换数据，例如，浮点状态寄存器用来保存有关浮点数操作结果的信息，可以将其送到通用寄存器进行判断处理。在 GPR 和 FPR 之间还可以用一些专门的指令来传送数据。

### 1.3.2　DLX 的数据类型

DLX 能处理的数据类型有 8 位字节、16 位半字、32 位整数字以及 32 位单精度浮点数和 64 位双精度浮点数。在这个优化推荐的最小数据类型中，之所以有 8 位字节，是因为 DLX 不得不处理字符数据；之所以有 16 位半字，是因为它在类似 C 的语言中出现，在操作系统代码中半字数据类型也很流行，毕竟对这些代码而言，速度和长度同等重要；之所以有 32 位整数字，是因为 DLX 认为 32 位整数的处理范围一般而言已经足够；之所以有 32 位单精度浮点数，是因为和 16 位半字同样的理由；之所以有 64 位双精度浮点数，是因为和 32 位整数同样的理由。

DLX 的操作主要面向 32 位整数以及 32 位或 64 位浮点数。字节或半字在被调入 32 位寄存器时，用零或者符号位填充 32 位寄存器的高位剩余部分，一旦被调入寄存器，它们将按照 32 位整数的方式进行计算。

### 1.3.3　DLX 的寻址模式

利用 R0 寄存器永远为零的特性，DLX 用很少的硬件代价，提供了五种寻址方式。它们是：

（1）寄存器寻址方式。

（2）立即数寻址方式（立即数范围为16位）。

（3）位移寻址方式（某寄存器的值加上位移量形成操作数的地址）。

（4）寄存器间接寻址方式（位移寻址方式中位移量等于0）。

（5）直接寻址方式（位移寻址方式中寄存器用R0）。

DLX的内存是用32位地址的高位字节先传格式的字节寻址的，因为它是Load-Store指令集结构，所有的内存访问都必须通过内存和GPR或内存和FPR之间加载或存储操作完成。支持上面提到的所有数据类型，与GPR有关的内存存取可以是一个字节、一个半字或一个字。FPR可以加载或存储单精度字或双精度字（双精度要用一对寄存器），所有内存访问必须是对准的，即访问双字的地址必须是x000B（32位地址的最低4位，x表示任意二进制位）形式，访问单字的地址必须是xx00B形式，访问半字的地址必须是xxx0B形式，访问字节的地址则任意。

### 1.3.4 DLX指令格式

由于DLX的寻址方式较少，因此在指令格式中没有必要专门设置寻址方式描述位，可以将其直接编码到操作码中。为了使机器更容易进行流水线操作和译码，DLX采用定长操作码的指令字格式。指令字长度32位（单字长指令），其中操作码占6位。表1-1、1-2、1-3显示了DLX指令格式（所有指令都按照这三种格式之一来编码）。

**表 1-1　I 型指令**

| 6 | 5 | 5 | 16 |
|---|---|---|---|
| 操作码 | 源寄存器 | 目的寄存器 | 立即数 |

**表 1-2　R 型指令**

| 6 | 5 | 5 | 5 | 11 |
|---|---|---|---|---|
| 操作码 | 源寄存器 1 | 源寄存器 2 | 目的寄存器 | 功能码 |

**表 1-3　J 型指令**

| 6 | 26 |
|---|---|
| 操作码 | 与 PC 相加的偏移量 |

其中，I 型指令格式主要用来对各种类型数的存取操作指令编码，即各种 Load 指令和 Store 指令，含义为：从内存单元（地址为源寄存器值+立即数）取数至目的寄存器；或把源寄存器中值存在内存单元（地址为目的寄存器值+立即数）中；或把立即数送到目的寄存器中（源寄存器不用）。I 型指令格式还用来为分支指令编码，包括条件分支指令（此时，立即数是相对目标地址，源寄存器是判断条件，目的寄存器不用），寄存器跳转指令（此时，源寄存器里是目标地址，目的寄存器不用）和寄存器跳转并连接指令（此时，源寄存器里是目标地址，立即数为 0，目的寄存器也为 0，该指令主要用于过程调用）。

R 型指令格式主要用来为各种算数/逻辑运算指令编码，含义为：源寄存器 1 和源寄存器 2 进行功能码指定的操作，并把结果存入目的寄存器中。另外，R 型指令还为读写特殊寄存器指令和寄存器之间的传送指令编码。

J 型指令格式主要用来为跳转并连接指令（注意不是寄存

器跳转并连接指令）和陷阱与异常返回指令编码。

### 1.3.5 DLX 指令集

DLX 指令大致可以分为四大类：加载/存储、ALU 操作、分支与跳转和浮点数操作。为了便于说明指令的含义，我们需要一些 C 描述语言的扩展：

（1）当被传送数据的长度不确定时，在符号←上附加一个下标。$\leftarrow_n$表示传送 n 位。

（2）下标用于标识从域中选择出特定的位。位从以 0 开始的最高位开始标注。下标可以是一个数字（例如，Regs [R4]$_0$表示 R4 的符号位），也可以是一个范围（例如，Regs [R4]$_{24...31}$表示 R4 的最低位字节）。

（3）变量 Mem 用来表示主存，按字节编址，每条指令可以传输 1~8 字节的数据。

（4）上标用来表示对域进行复制（例如，$0^{24}$表示一个 24 位长的全 0 域）。

（5）符号##用来链接两个域并且可以出现在数据转换的任何一边。

所有通用寄存器 GPR 和浮点数寄存器 FPR 都可作为加载或存储之用，唯一例外是 R0，加载 R0 是没有意义的。单精度浮点数占用一个浮点数寄存器，双精度浮点数占用一对浮点数寄存器。单精度浮点数与双精度浮点数之间的转换必须显式地进行。表 1-4 给出了加载和存储指令的例子。假设 R8 和 R10 是 32 位寄存器，则：Regs [R10]$_{16\cdots31}$ $\leftarrow_{16}$ (Mem [Regs [R8] ]$_0$)$^8$## Mem [Regs [R8] ] 表示以 R8 的内容作为地址访问内存，得到的字节按符号位扩展成 16 位后存入 R10 的低半字（R10 的高半字不变）。

**表 1-4 DLX 的加载和存储指令**

| 指令举例 | 指令名称 | 含义 |
|---|---|---|
| LW R1，30（R2） | 加载字 | Regs [R1] $\leftarrow_{32}$ Mem [30+Regs [R2] ] |
| LW R1，1000（R0） | 加载字 | Regs [R1] $\leftarrow_{32}$ Mem [1000+0] |
| LB R1，40（R3） | 加载字节 | Regs [R1] $\leftarrow_{32}$ (Mem [40+Regs [R3] ]$_0$)$^{24}$ ## Mem [40+Regs [R3] ] |
| LBU R1，40（R3） | 加载无符号字节 | Regs [R1] $\leftarrow_{32}$ $0^{24}$ ## Mem [40+Regs [R3] ] |
| LH R1，40（R3） | 加载半字 | Regs [R1] $\leftarrow_{32}$ (Mem [40+Regs [R3] ]$_0$)$^{16}$ ## Mem [40+Regs [R3] ] ## Mem [41+Regs [R3] ] |
| LF F0，50（R3） | 加载浮点数 | Regs [F0] $\leftarrow_{32}$ Mem [50+Regs [R3] ] |
| LD F0，50（R2） | 加载双精度浮点数 | Regs [F0] ##Regs [F1] $\leftarrow_{64}$ Mem [50+Regs [R2] ] |
| SW R3，500（R4） | 存储字 | Mem [500+Regs [R4] ] $\leftarrow_{32}$ Regs [R3] |
| SF F0，40（R3） | 存储浮点数 | Mem [40+Regs [R3] ] $\leftarrow_{32}$ Regs [F0] |
| SD F0，40（R3） | 存储双精度浮点数 | Mem [40+Regs [R3] ] $\leftarrow_{32}$ Regs [F0] Mem [44+Regs [R3] ] $\leftarrow_{32}$ Regs [F1] |

续表

| 指令举例 | 指令名称 | 含义 |
| --- | --- | --- |
| SH R3，502（R2） | 存储半字 | Mem［502+Regs［R2］］$\leftarrow_{16}$Regs［R3］$_{16\cdots31}$ |
| SB R2，41（R3） | 存储字节 | Mem［41+Regs［R3］］$\leftarrow_{8}$Regs［R2］$_{24\cdots31}$ |

所有的 ALU 指令都是寄存器—寄存器指令，包括简单的算术和逻辑操作：加、减、与、或、异或和移位，所有这些指令都支持立即数寻址方式，它带有一个 16 位的符号扩展立即数。LHI（LoadHigh Immediate）操作将立即数加载到寄存器的高半字，而将低半字设为 0，这使得一个 32 位的常数可以用两条指令来建立。如上所述，R0 经常被用来合成通用操作，加载一个常数的操作可以由一个立即数和一个源操作数是 R0 的加法来实现，寄存器—寄存器传送可以通过其中一个源操作数是 R0 的加法来完成（DLX 有时用助记符 LI 代表加载来指前者，而用 MOV 来指后者）。

还有比较两个寄存器的比较指令（=，≠，<，>，≤，≥），如果条件为真，则比较指令将在目的寄存器中放入一个 1（代表真）；否则放入一个 0。由于这些操作都设置寄存器，因此它们被叫作 set-equal，set-not-equal，set-less-than 等，同时这些比较指令也具有立即数寻址方式。表 1-5 给出了一些 ALU 指令的例子。

**表 1-5　DLX 中算术/逻辑运算指令，带立即数或不带立即数**

| 指令举例 | 指令名称 | 含义 |
| --- | --- | --- |
| ADD R1，R2，R3 | 加 | Regs［R1］←Regs［R2］+Regs［R3］ |

续表

| 指令举例 | 指令名称 | 含义 |
| --- | --- | --- |
| ADDI R1，R2，#3 | 加立即数 | Regs［R1］←Regs［R2］+3 |
| LHI R1，#42 | 加载立即数到高半字 | Regs［R1］←42 ## $0^{16}$ |
| SLLI R1，R2，#5 | 逻辑左移立即数 | Regs［R1］←Regs［R2］<< 5（R2 内容左移 5 位） |
| SLT R1，R2，R3 | 置小于 | if（Regs［R2］< Regs［R3］）<br>Regs［R1］← 1 else Regs［R1］←0 |

控制由一组跳转指令和一组分支指令来处理。四种跳转指令由指定目的地址的两种方式和是否进行链接来区分。有两种跳转指令把 26 位带符号的位移量加到 PC 中来确定目的地址；另外两种跳转指令通过指定包含目的地址的寄存器来确定目的地址。有两种跳转：简单跳转、跳转并链接（用于过程调用）。后者把返回地址——下一个顺序指令的地址放入寄存器 R31。

所有的分支都是有条件的。分支条件由指令确定，可能是测试源寄存器是否为 0；寄存器可能含有一个数据或者比较结果。分支的目标地址由 16 位带符号位移量和 PC 值相加的结果来确定。表 1-6 给出了几个典型的分支和跳转指令。

**表 1-6　典型的 DLX 控制流指令**

| 指令举例 | 指令名称 | 含义 |
| --- | --- | --- |
| J name | 跳转 | PC←name；（（PC+4）$-2^{25}$）≤ name<（（PC+4）$+2^{25}$） |

续表

| 指令举例 | 指令名称 | 含义 |
|---|---|---|
| JAL name | 跳转并链接 | Regs［R31］←PC+4；PC←name；（（PC+4）$-2^{25}$）≤name<（（PC+4）$+2^{25}$） |
| JALR R2 | 寄存器跳转并链接 | Regs［R31］←PC+4；PC←Regs［R2］ |
| JR R3 | 寄存器跳转 | PC←Regs［R3］ |
| BEQZR 4，name | 等于 0 时分支 | if（Regs［R4］==0）PC←name；（（PC+4）$-2^{15}$）≤name<（（PC+4）$+2^{15}$） |
| BNEZR 4，name | 不等于 0 时分支 | if（Regs［R4］! =0）PC←name；（（PC+4）$-2^{15}$）≤name<（（PC+4）$+2^{15}$） |

浮点指令对浮点寄存器进行操作，并指出将被使用的操作数是单精度还是双精度。MOVF 和 MOVD 分别把一个单精度（MOVF）或双精度（MOVD）浮点寄存器的值复制到另一个同类型寄存器中。MOVFP2I 和 MOVI2FP 在单精度浮点寄存器和整数寄存器之间传送数据。把一个双精数据移到两个整数寄存器中需要两条指令。另外还有 32 位浮点寄存器上的整数乘除法指令和整数与浮点数之间转换的指令。

浮点操作包括加、减、乘、除。后缀 F 表示单精度浮点数，而后缀 D 表示双精度浮点数（例如，ADDD，ADDF，SUBD，SUBF，MULTD，MULTF，DIVD，DIVF）。浮点数比较指令会设置浮点数状态寄存器中的某一位，可以用两条分支指令 BFPTO（为真分支）和 BFPF（为假分支）测试浮点数状态寄存器来决定是否进行分支。

DLX 的一个不太寻常的特征是它用浮点部件来完成整数

的乘除。因为对较慢的浮点数操作的控制要比控制整数的加减复杂得多，既然浮点部件已经可以处理浮点乘除，那么再让它处理相对较慢的整数乘除也并不困难。因此，DLX 要求把乘除的操作数放入浮点寄存器中。

表 1-7 给出了一个完整的 DLX 指令列表。

**表 1-7　DLX 指令列表**

| 指令类型/操作码 | 指令含义 |
|---|---|
| 数据传输 | 在寄存器与内存之间传送数据，或者是在整数寄存器与浮点寄存器或特殊寄存器之间传送数据；内存唯一的寻址模式是 16 位位移量加上 GPR 的内容作为内存单元地址 |
| LB，LBU，SB | 加载字节，加载无符号字节，存储字节 |
| LH，LHU，SH | 加载半字，加载无符号半字，存储半字 |
| LW，SW | 加载字，存储字 |
| LF，LD，SF，SD | 加载 SP 浮点数，加载 DP 浮点数，存储 SP 浮点数，存储 DP 浮点数 |
| MOVI2S，MOVS2I | 在 GPR 与特殊寄存器之间传送数据 |
| MOVF，MOVD | 拷贝一个 FP 寄存器或一对 DF 寄存器的内容到另一个寄存器或另一对寄存器中 |
| MOVFP2I，MOVI2FP | 在整数寄存器和 FP 寄存器之间传送 32 位数据 |
| 算术/逻辑 | 在 GPR 中的整数或逻辑数据的操作；有符号数在溢出时产生陷阱中断 |
| ADD，ADDI，ADDU，ADDUI | 加，立即数加，有符号数加，无符号数加 |
| SUB，SUBI，SUBU，SUBUI | 减，立即数减，有符号数减，无符号数减 |
| MULT，MULTU，DIV，DIVU | 有符号和无符号乘除；操作数必须是 FP 寄存器；所有的操作产生 32 位值 |
| AND，ANDI | 与；立即数与 |
| OR，ORI，XOR，XORI | 或；立即数或；异或；立即数异或 |
| LHI | 加载立即数到高半字 |

续表

| 指令类型/操作码 | 指令含义 |
|---|---|
| SLL, SRL, SRA, SLLI, SRLI, SRAI | 移位：立即数形式（S_ I）和变量形式（S_ ），包括逻辑左移，逻辑右移和算数右移 |
| S_ , S_ I | 设置条件："_ "可以是 LT, GT, LE, GE, EQ, NE |
| 控制 | 条件分支和跳转；PC 相对或通过寄存器指明跳转地址 |
| BEQZ, BNEZ | GPR 为 0 或不为 0 跳转，相对于 PC+4 的 16 位位移 |
| BFPT, BFPF | 测试 FP 状态寄存器中的比较位并分支 |
| J, JR | 跳转：相对于 PC+4 的 26 位位移（J）或由寄存器指定（JR） |
| JAL, JALR | 跳转并链接：把 PC+4 存在 R31 种，目标地址为相对 PC（JAL）或由寄存器指定（JALR） |
| TRAP | 以一个向量地址自陷到操作系统（实现系统调用或返回操作系统） |
| REF | 从一个异常返回用户代码，恢复用户态 |
| 浮点操作 | SP 和 DP 格式的 FP 操作 |
| ADDD, ADDF | 双精度加；单精度加 |
| SUBD, SUBF | 双精度减；单精度减 |
| MULTD, MULTF | 双精度乘；单精度乘 |
| DIVD, DIVF | 双精度除；单精度除 |
| CVTF2D, CVTF2I, CVTD2F, CVTD2I, CVTI2F, CVTI2D | 转换指令：CVTx2y 把 x 转换成 y，其中 x 和 y 的含义是 I（整数），D（双精度），F（单精度），两个操作数均为 FPRs |
| _ D, _ F | SP 和 DP 比较："_ "可以是 LT, GT, LE, GE, EQ, NE，并把比较结果设置在 FP 状态寄存器中 |

# 第 2 章

# WinDLX 模拟器

WinDLX 是一个基于 Windows 的 DLX 模拟器，主要模拟 DLX 流水线是如何工作的。本章通过一个实例介绍 WinDLX 的使用方法。本章使用的例子非常简单，它并没有囊括 WinDLX 的各个方面，仅仅作为使用 WinDLX 的入门级介绍。如果想了解更多的内容，可在运行 WinDLX 的过程中随时按下 F1 键获得帮助。

## 2.1　WinDLX 模拟器的安装

WinDLX 包含 windlx. exe 和 windlx. hlp 文件。同时，还需要一些扩展名为 . s 的汇编代码文件。在本章中将使用 fact. s 和 input. s 这两个汇编代码文件。WinDLX 的安装非常简单，WinDLX 压缩包（120K），只要将其解压到一个指定的目录，然后执行里面的 windlx. exe 即可。做实验时直接双击桌面上的

WinDLX 图标就可进入 Windlx 模拟器。

## 2.2　开始和配置 WinDLX

双击 WinDLX 图标启动 WinDLX 后，将出现一个如图 2-1 所示的带有六个子窗口的主窗口，后面将解释和介绍如何使用每一个窗口。

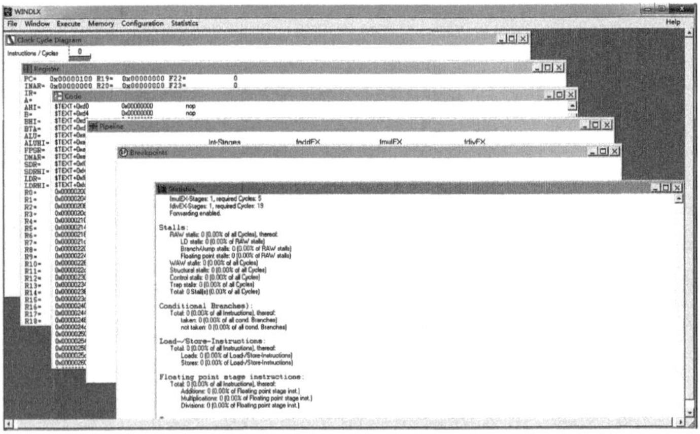

**图 2-1　WinDLX 主窗口**

为了初始化模拟器，点击 File 菜单中的 Reset All 菜单项，弹出一个“Reset DLX”对话框。然后点击窗口中的“确认”按钮即可。

WinDLX 可以在多种配置下工作，流水线的结构和时间要求、存储器大小和其他几个控制模拟的参数可以改变。点击 Configuration/Floating Point Stages（点击 Configuration 打开菜单，然后点击 Floating Point Stages 菜单项），选择如图 2-2 标准配置。

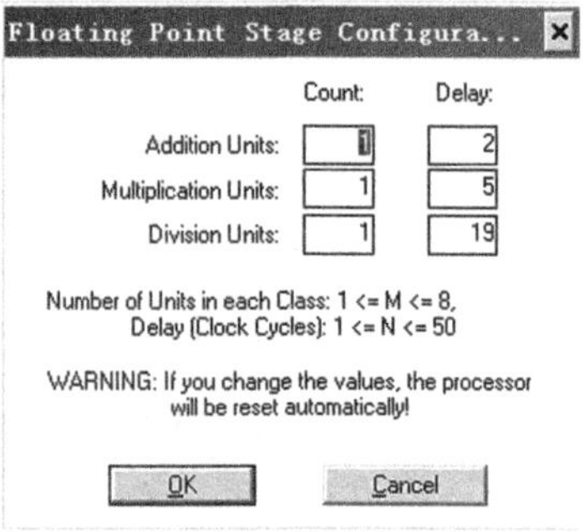


**图 2-2　DLX 流水线结构设置**

如果需要，可以通过点击相应区域来改变设置。然后，点击 OK 返回主窗口。点击 Configuration/Memory Size，可以设置模拟处理器的存储器大小，此处设置为 0x8000。然后，点击 OK 返回主窗口。在 Configuration 菜单中的其他三个配置也可以设置，它们是：Symbolic addresses，Absolute Cycle Count 和 Enable Forwarding。点击相应菜单项后，在它的旁边将显示一个小钩。

## 2.3　装载测试程序

在开始模拟之前，至少应装入一个程序到主存。我们选择 fact. s 作为例子，fact. s 计算一个整型值的阶乘，它的运行还需要一个辅助文件 input. s。input. s 中包含一个子程序，它读标准输入（键盘）并将值存入 DLX 处理器的通用寄存器 R1 中。为此，选择 File/Load Code or Data，窗口中会列出目录中所有汇编程序。按如下步骤操作，可将这两个文件装入主存。

- 点击 fact. s

- 点击 select 按钮
- 点击 input. s
- 点击 select 按钮
- 点击 load 按钮

选择文件的顺序很关键，它决定了文件在存储器中出现的顺序。对话框中会显示信息：“File (s) loaded successfully. Reset DLX?”点击确认按钮。这样，文件就已被装入到主存储器中了。现在就可以开始模拟工作了。在模拟运行之前，我们先了解一下 fact. s 程序和 input. s 程序的基本结构。

表 2-1 给出了 fact. s 的汇编源代码，为便于说明，在每一行的最左边给出了该行行号。第 1 行至第 9 行是程序的说明部分，说明了该程序的名称、作者、修改日期、执行入口（该程序从符号 main 处开始执行）、所需模块及程序的功能。第 11 行至第 16 行是程序的数据区，由关键字 . data 标识，该程序定义了输入提示，输出提示，输出参数和输出值。第 18 行至第 42 行是程序的代码区，由关键字 . text 标识。第 19 行定义了全局标号 main，第 20 行的 main 标号指出程序开始执行的入口点。我们看到，第 21 行将输入提示的地址送到寄存器 R1（通过和 R0 相加来完成），然后第 22 行调用子程序 Input Unsigned，该子程序通过 R1 返回从键盘接收的值，所以第 24 行把 R1 的值送到 F10 进行处理。这里需要强调一下，第 22 行是 JAL 调用，即 JAL 指令的执行是先将第 24 行指令的地址暂时保存在 R31 中，然后将 Input Unsigned 的地址送往 PC 从而完成跳转，显然在 Input Unsigned 子程序的最后返回指令就只能是 JRR31 了。第 24 行至第 36 行完成阶乘运算，这里不再赘述。第 38 行到第 40 行通过系统调用（模拟的）TRAP5 输出

结果。第 42 行通过系统调用 TRAP0 返回操作系统（这里返回到 WinDLX 模拟器）。

表 2-2 给出了 input. s 的汇编源代码。如前所述，第 1 行至第 9 行是程序说明。第 11 行至第 20 行是数据区。第 22 行至第 54 行是代码区。有两点需要注意：其一，第 17 行至第 20 行在 DLX 存储器中定义了 4 个字（32 位）的存储区，第 25 行至第 28 行将寄存器 R2、R3、R4 和 R5 的值保存在该区域，第 50 行至第 53 行又恢复该值到对应寄存器，然后才返回到调用者，这就是所谓的保护现场，是防止程序间相互调用时避免数据混乱的最基本方法，只是在真实的机器上一般使用系统堆栈来保存。其二，DLX 模拟器在执行程序时，总是从 main 标号处开始，该程序没有 main 标号，因此不能单独运行，只能由别的程序调用，注意最后一条指令 JRR31，它刚好和 fact. s 中的 JAL Input Unsigned 指令互相配对，实现调用与返回。

**表 2-1　fact. s 汇编源代码**

```
1  ; ************ WINDLX Ex. 3: Factorial *************
2  ; ************* (c)  1991  Günther  Raidl  *************
3  ; ************ Modified: 1992  Maziar  Khosravipour  **************
4  ; ------------------------------------
5  ; Program begin at symbol main
6  ; requires module INPUT
7  ; read a number from stdin and calculate the factorial (type: double)
8  ; the result is written to stdout
9  ; ------------------------------------
10
11                 .data
```

```
Prompt:            .asciiz   "Anintegervalue>1:"
PrintfFormat:      .asciiz   "Factorial=%g\n\n"
                   .align    2
PrintfPar:         .word     PrintfFormat
PrintfValue:       .space8

                   .text
                   .global   main
main:          ;         ReadvaluefromstdinintoR1
          addi     r1, r0, Prompt
          jal      InputUnsigned
          ;        initvalues
          movi2fp f10, r1           ; R1->D0   D0..Countregister
          cvti2d  f0, f10
          addi     r2, r0, 1        ; 1->D2    D2..result
          movi2fp f11, r2
          cvti2d  f2, f11
          movd    f4, f2            ; 1->D4    D4..Constant 1
Loop:          ;         Break loop if D0 = 1
          led     f0, f4            ; D0<=1?
          bfpt    Finish
          ;         Multiplication and next loop
          multd f2, f2, f0
          subd   f0, f0, f4
          j       Loop
Finish:        ;         write result to stdout
          sd      PrintfValue, f2
          addi   r14, r0, PrintfPar
          trap   5
          ;        end
          trap    0
```

**表 2-2　input. s 汇编源代码**

```
; * * * * * * * * * * * *   WINDLX Ex. 1: Read a positive integer number * * * * * * * * *
; * * * * * * * * * * * *   (c)   1991   Günther Raidl   * * * * * * * * * * * * *
; * * * * * * * * * * * *   Modified   1992   Maziar Khosravipour   * * * * * * * * * * * * *
; ----------------------------------------
; Subprogram call by symbol " InputUnsigned"
; expect the address of a zero-terminated prompt string in R1
; returns the read value in R1
; changes the contents of registers R1, R13, R14
; ----------------------------------------

                .data
                ; * * * Data for Read-Trap
ReadBuffer:     .space      80
ReadPar:        .word       0, ReadBuffer, 80
                ; * * * Data for Printf-Trap
PrintfPar:      .space      4
SaveR2:         .space      4
SaveR3:         .space      4
SaveR4:         .space      4
SaveR5:         .space      4

                .text
                .global     InputUnsigned
InputUnsigned:  ; * * * save register contents
                sw          SaveR2, r2
                sw          SaveR3, r3
                sw          SaveR4, r4
                sw          SaveR5, r5
                ; * * * Prompt
                sw          PrintfPar, r1
                addi        r14, r0, PrintfPar
                trap        5
                ; * * * callTrap-3toreadline
```

```
            addi    r14, r0, ReadPar
            trap    3
            ;       determine value
            addi    r2, r0, ReadBuffer
            addi    r1, r0, 0
            addi    r4, r0, 10              ; Decimal system
Loop:       ;       reads digits to end of line
            lbu     r3, 0 (r2)
            seqi    r5, r3, 10              ; LF->Exit
            bnez    r5, Finish
            subi    r3, r3, 48              ;' 0'
            multu   r1, r1, r4              ; Shift decimal
            add     r1, r1, r3
            addi    r2, r2, 1               ; increment pointer
            j       Loop
Finish:     ;       restore old register contents
            lw      r2, SaveR2
            lw      r3, SaveR3
            lw      r4, SaveR4
            lw      r5, SaveR5
            jr      r31                     ; Return
```

## 2.4 模拟运行程序

在主窗口的下面，可以看见六个子窗口的图标，它们分别为“Register”，“Code”，“Pipeline”，“Clock Cycle Diagram”，“Statistics”和“Breakpoints”。模拟过程中将介绍每一个窗口的特性和用法。

### 2.4.1 Pipeline 子窗口

先看一下 DLX 处理器的内部结构。为此，放大 Pipeline 子窗口，窗口中用图表形式显示了 DLX 的五段流水线，如图 2-3

所示。可以看出，DLX 执行指令的流水线是一个五段流水线，包括取指段（IF）、译码段（ID）、执行段（EX）、访存段（MEM）和写回段（WB）。显然，不同指令在执行段的操作是不同的，而且不同操作在该段的延迟也是不同的。为此，DLX 流水线的执行段分为 4 个单元，它们分别是 intEX 单元（整数操作）、faddEX 单元（浮点加减）、fmulEX（浮点乘法）、fdivEX（浮点除法）。每个单元设置的个数和其延迟时间已经在前面通过 Configuration/Floating Point Stages 进行了设置。其中 intEX 的延迟为 1（IF 段，ID 段，MEM 段和 WB 段的延迟均为 1），faddEX、fmulEX 和 fdivEX 的延迟分别为 2、5 和 19。通过修改其设置，然后再观察程序的执行结果，从而得到所需要的结论。

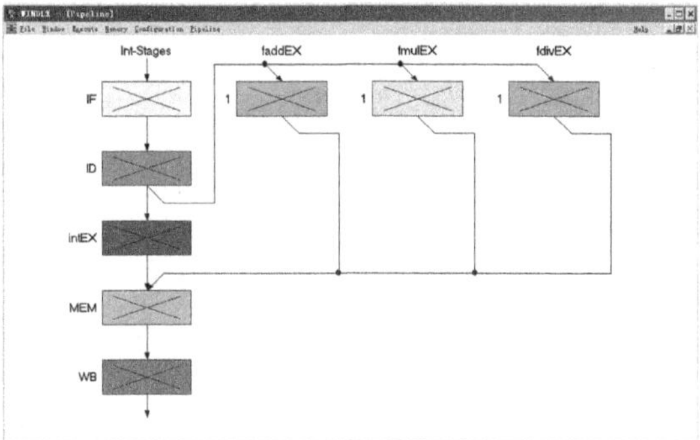


**图 2-3　DLX 流水线结构子窗口**

## 2.4.2　Code 子窗口

下面，观察一下 Code 窗口。双击 Code 窗口图标，看到如图 2-4 所示的代码子窗口，里面显示的内容是两个程序（fact. s 和 input. s）加载到内存中的情况。

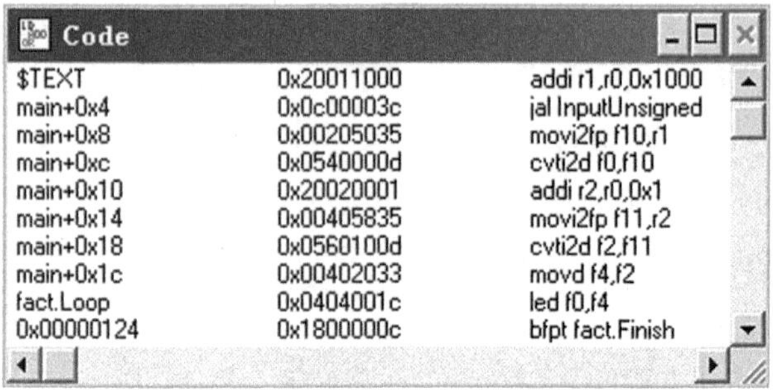


**图 2-4　Code 子窗口**

首先来看第一行，最右边显示的是程序 fact. s 的第一条指令（addi r1，r0，0x1000），对照表 2-1 中 fact. s 的第一条语句。可以看出，变量 Prompt 被代替以 0x1000。这说明变量 Prompt 在程序被加载到内存中的实际地址就是 0x1000，也即程序的数据区被加载到内存地址 0x1000 开始的地方。这里“0x”表示十六进制。中间显示的是第一条语句的机器码，0x20011000 表示占了内存的 4 个字节位置。左边显示的是该条语句在内存中的地址，$TEXT 表示代码段的开始，也就是 main 所指的地址，由于每条指令均占 4 个字节，因此后续指令的地址依次为 main+0x4，main+0x8 等，第九行的 fact. Loop 表示 fact. s 程序中的变量 Loop，显然它的地址应为 main+0x20，那么第一条指令在内存中的实际地址是多少呢？接着看第十行，0x00000124 是第十条指令在内存中的实际地址，由此推算，第一条指令的实际地址为 0x00000100。移动窗口右边的上下箭头，可以看到，0x00000000 ~ 0x000000ff 是空白区域，这是一般 windows 程序的基本结构，用于用户进程和操作系统之间进行信息交换。地址 0x00000140 是 fact. s 的最后一条指令地址，0x00000144 是 input. s 的第一条指令地址，即标号 Input Unsigned 的实际地址是 0x00000144。

现在再来看一下 fact. s 的头两条指令的机器码，由于变量 Prompt 的实际地址是 0x1000，因此第一条指令机器码的最后四位是 1000，那么标号 Input Unsigned 的实际地址是 0x00000144，为什么第二条指令机器码的最后四位不是 0144 而是 003c 呢？仔细看看 JAL 指令的含义就明白了，因为它是相对寻址。

程序中每个变量或标号的实际地址，还可以通过主窗口中 Memory 菜单下的 Symbols 选项来观察，点击 Memory/Symbols 就可以看到如图 2-5 所示的 Symbols 子窗口，该窗口中列出了加载到内存中的所有变量或标号的名称和地址，每一行中间的“G”或“L”分别表示全局或局部属性。对所有变量可以按值排列，也可以按名字排列，以便于查找，还可以进行添加，修改或删除操作。

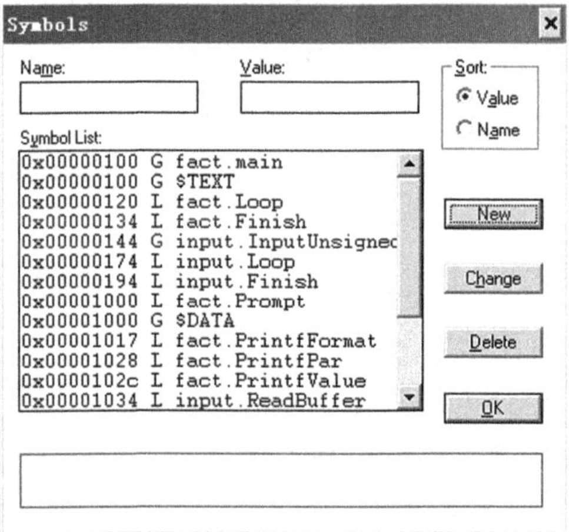


**图 2-5　WinDLX 模拟器的 Symbols 子窗口**

现在开始执行程序，首先双击 Register 子窗口，可以看到 DLX 的全部寄存器及其内容，观察左上角的 PC 寄存器，其值为 0x00000100，也就是说程序会从内存 0x00000100 处开始执行。在程序执行过程中，随时可以点击 Register 子窗口来观察各个寄存器内容的变化。

双击 Pipeline 子窗口，最大化该子窗口，可以看到 DLX 流水线的基本结构，在代表每个流水段的方框中，交叉线表示该方框目前没有执行指令，此时，所有方框均为交叉线，表明流水线没有执行程序在程序执行过程中。同 Register 子窗口一样，可以随时点击 Pipeline 子窗口来观察目前有多少条指令在执行，每条指令分别处于流水线的什么位置。为了看得更清楚，采用单步执行方法，这可以通过主窗口中的 Execute/Single Cycle 或按 F7 键来实现。

激活 Code 子窗口，按下 F7 键，这时窗口中带有地址“$TEXT”的第一条指令变成黄色，切换到 Register 子窗口，可以看到 PC 值变为 0x00000104。切换到 Pipeline 子窗口，可以看到，此时第一条指令在流水线的 IF 段，其他流水段空闲。再按下 F7 键，可以看到，第一条指令进入到流水线的 ID 段，第二条指令进入流水线的 IF 段，回到 Code 子窗口，可以看到，第一条指令的颜色变成橘黄色，第二条指令变成黄色，这些不同颜色指明指令当前处于流水线的哪一段。

至此，我们按了两次 F7，流水线执行了两个周期，装入了两条指令。切换到 Register 子窗口，可以看到 PC 变为 0x00000108，这是流水线下一步要装入的第三条指令的地址，但根据程序的意思，第三条指令应该执行地址 0x00000144 所指的指令，因为第二条指令是跳转指令（JAL Input

Unsigned)。如果不采用流水线，则当执行第二条指令时，它会把 PC 的当前值（0x00000108）存入 R31，以备返回时用，然后把 PC 修改为 0x00000144，这样，CPU 开始执行第三条指令时，就会自动完成跳转。但是现在采用流水线方式执行指令，当我们第三次按下 F7 时，第一条指令进入 intEX 段开始执行，第二条指令进入 ID 开始译码（也就是此时流水线还不知道第二条指令是什么），第三条指令开始取（由 PC 指出要取的指令在 0x00000108 处）。DLX 流水线会怎么做呢?

第三次按下 F7 键，从 Pipeline 子窗口我们看到，已经进入流水线的两条指令分别进入流水线的第三段 intEX 段和第二段 IF 段（在 Code 子窗口中指令的颜色相应发生变化），而 fact. s 中第三条指令（此时不该被执行）进入到了 IF 段，由于此前流水线没有获得任何有关跳转的信息，因此，这是可能的（也只能如此）。但当第三个周期执行结束后，由于第二条指令已经被译码，流水线知道第二条指令是跳转指令，说明刚才顺序取进来的指令属于误取，下一个周期要对其封杀，不对其译码。显然下一个周期译码段会空闲，这造成了流水线的停顿。如果流水线对跳转指令能在译码段就判断出目标地址并修改到 PC 中，则下一个周期就可以取到正确的指令，否则，流水线会有更多的停顿。从 Register 子窗口中观察到 PC 已被修改为 0x00000144，说明问题还不是太糟。同时由于 JAL 是跳转并链接指令，还要把原来 PC 的地址（返回地址）暂存在 R31 中，但我们发现此时 R31 的内容仍然为 0，这是因为 DLX 流水线把所有写寄存器的操作都放在 WB 段完成，因此要再等 3 个周期，R31 的值才会变为 0x00000108。

### 2.4.3 Clock Cycle Diagram 子窗口

至此，我们已经让流水线执行了 3 个周期，但还没有一条指令执行结束。现在双击 Clock Cycle Diagram 子窗口，它显示 DLX 流水线的时空图，如图 2-6 所示。

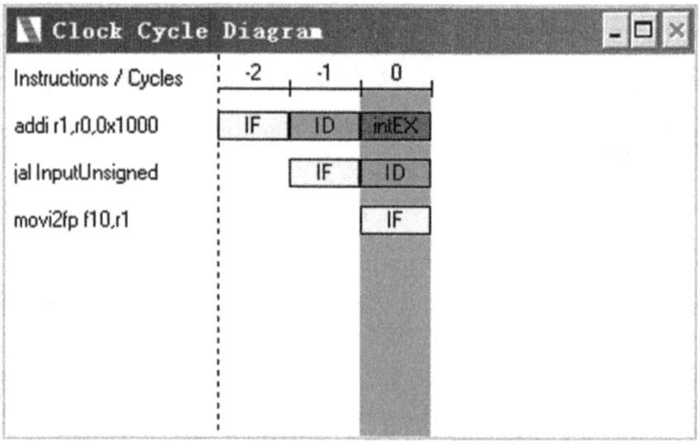


**图 2-6　DLX 流水线的时空图子窗口（1）**

在该窗口中，我们看到第一条指令 addi r1，r0，0x1000 已经进行了 3 个周期，当前处在流水线的 intEX 段，第二条指令 jal Input Unsigned 进行了两个周期，当前处在流水线的 ID 段，第三条指令 movi2fp f10，r1 进行了 1 个周期，当前处在流水线的 IF 段（如前所述，这条指令是被误取进流水线的）。第四次按下 F7 键，我们会看到，第一条指令处在 MEM 段，第二条指令处在 intEX 段，第三条指令指示为“aborted”，这正是我们想看到的，第四条指令处在 IF 段。

第四次按下 F7 键，我们看到第一条指令到达流水线的最后一段，如图 2-7 所示。

为了了解该指令在流水线的每个段具体都做了些什么，在 Clock cycle diagram 子窗口中双击该指令，会看到一个如图 2-8

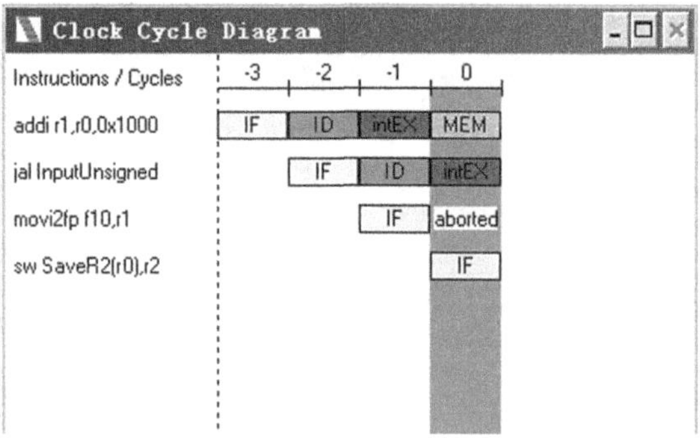


图 2-7　DLX 流水线的时空图子窗口（2）

所示的“Information about addi r1，r0，0x1000”的子窗口，该窗口详细显示了该指令在每一个流水段处理器内部的执行动作（双击 Code 窗口中的某一行或者 Pipeline 窗口中的某一段，也可以看到 Information 子窗口）。

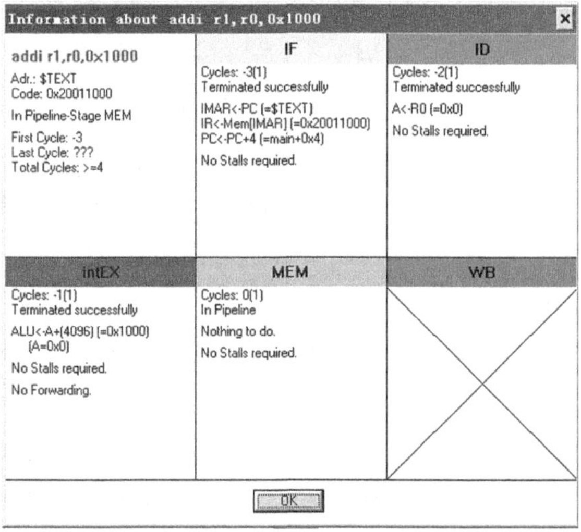


图 2-8　Information 子窗口

在 Clock cycle diagram 窗口中，有时候还可以看到在指令之间出现了红和绿的箭头。红色箭头表示需要一个暂停，箭头指向处显示了暂停的原因。R-Stall（R-暂停）表示引起暂停的原因是 RAW。绿色箭头表示定向技术的使用。

### 2.4.4 Breakpoint 子窗口

按 F7 键以单步方式运行程序，可以清楚地看到每条指令在流水线各个段的具体操作情况，除此之外，DLX 模拟器还提供了其他几种运行程序的方式。单击主窗口中 Execute 子菜单，可以看到 DLX 模拟器共提供了四种运行程序的方式，其中 Single Cycle（或按 F7 键）就是单步执行方式；Multiple Cycles（或按 F8 键）是多步执行方式，选择该方式，会在屏幕上出现一个窗口，询问周期个数，它表示流水线从当前位置继续向前执行的周期个数，输入需要的值，然后按 OK 键，流水线就会向前执行相应的周期个数；Run（或按 F5 键）是运行方式，选择该方式，流水线就会从当前位置一直运行到程序结束；Run to（或按 F4 键）是断点方式，选择该方式，会在屏幕上出现一个窗口，要求指定某条指令的地址和流水线的某个段，表示让流水线运行到该条指令在流水线该段的时候暂停，输入需要的指令，然后按 OK 键，流水线就会运行到指定的位置后停下来。这些运行方式为我们了解 DLX 流水线或调试程序提供了非常方便的环境。

激活 Breakpoints 子窗口，我们看到里面什么都没有。现在，请指向 Code 窗口中包含指令 trap0x5 的 0x0000015c 行，该指令是写屏幕的系统调用。单击指令行，然后点击主窗口菜单 Code，单击 Set Breakpoint（确保指令行仍被标记），将弹出一个如图 2-9 所示的 “Set Breakpoint” 窗口。通过此窗口，可以选择指令运行到流水线的哪一阶段时，程序停止执行。注意在 Address 栏里标记的是 trap0x5 指令的地址，而且是相对寻址方式。该子窗口缺省设置选择的指令在流水线的 ID 段时停止程序。点击 OK 关闭窗口。在 Code 窗口中，我们看到指令 trap 0x5 行上出现了 “BID” 字样，它表示当本指令在译码段时，程序终止执行。

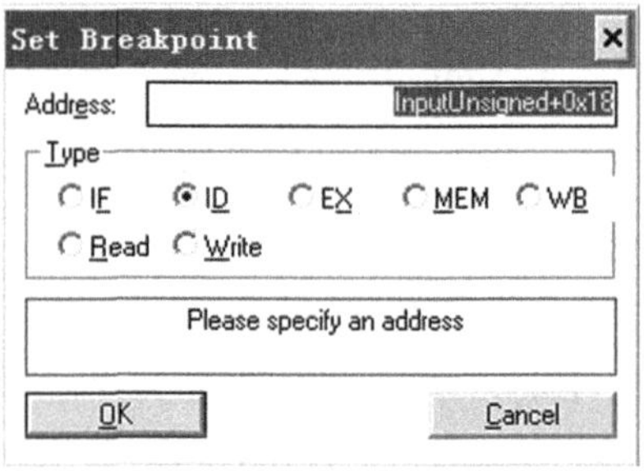


**图 2-9　设置断点子窗口**

再次激活 Breakpoints 子窗口，就可以看到里面标记了断点设置的详细情况：在什么地址，在什么段，是什么指令。根据需要，可以设置多个断点，Breakpoints 子窗口将记录所有断点的设置情况。删除断点时，首先在 Code 子窗口中选中需要删除断点的指令行，然后点击主窗口中的 Code 选项，再点击 Delete Breakpoint 选项，即可删除断点。

点击 Execute/Run 或按 F5 键，程序就会连续向前运行，直到碰到设置的断点后停下来，此时会出现一个提示对话框 “ID-Stage：reached at Breakpoint#1”，按 OK 按钮关闭。现在可以激活任何一个子窗口，观察希望看到的结果，然后按 F5 键继续运行，屏幕上会出现 DLX-Standard - I/O 对话框，要求输入一个整型值。输入 20 后按回车键，程序会继续模拟运行，直至出现提示框“Trap#0occurred”表明最后一条指令 trap0 已经执行，Trap 指令中编号“0”没有定义，只是用来终止程序。点击主窗口中 Execute 菜单下“DisplayDLX-I/O...”选项，会看到输出结果（20 的阶乘）为 2.4329e+18。点击 OK 关闭窗口。

### 2.4.5 Statistics 子窗口

最后，观察一下 Statistics 窗口。激活子窗口 Statistics，可以看到该窗口提供了各个方面的信息：模拟中硬件配置情况、暂停及原因、条件分支、Load/Store 指令、浮点指令和 traps。窗口中给出事件发生的次数和百分比，如 RAW stalls：17（7.91% of all Cycles）。利用这些数据，我们可以定量的比较各种改善流水线性能的技术对程序运行的影响情况。

现在看一看定向的作用。在前面的程序模拟运行过程中，我们采用了定向技术。如果不采用定向技术，执行时间将会怎样呢？

先看一下 Statistics 窗口中的各种统计数字：总的周期数（215）和暂停数（17 RAW，25 Control，12 Trap 和 54 Total）。然后关闭窗口。点击主窗口中 Configuration 中的 Enable Forwarding 使定向无效（去掉小钩），注意该操作同时也复位了所有寄存器的值，其中 PC 被复位为 0x00000100。激活 Breakpoints 子窗口，点击主窗口中 Breakpoints 菜单，删除所有断点。然后按 F5 键，键入 20 后，按 Enter 键，程序将一直模拟运行到结束。重新查看 Statistics 子窗口，会看到 Control 暂停和 Trap 暂停仍然是同样的值，而 RAW 暂停从 17 变成了 53，总的模拟周期数增加到 236。利用这些值，能够计算定向技术带来的加速比：236/215 = 1.098，即 $DLX_{forwarded}$ 比 $DLX_{not\ forwarded}$ 快 9.8%。

## 2.5　实验中用到的几个 .s 文件

1. fact.s

求阶乘程序。这个程序说明浮点指令的使用。

该程序从标准输入读入一个整数，求其阶乘，然后将结果输出。

2. input.s

输入子程序。这个子程序从标准输入读入数据。

3. sch-before.s

用于说明指令调度对 CPU 性能的影响（调度前的程序）。

4. sch-after.s

用于说明指令调度对 CPU 性能的影响（调度后的程序）。

5. data_ d.s

用于说明数据相关对 CPU 性能的影响以及定向技术如何减少数据相关带来的暂停。

6. structure_ d

用于说明结构相关对 CPU 性能的影响。

# 第 3 章

# 基础性实验

## 3.1 熟悉 WinDLX 的使用

### 3.1.1 实验目的

（1）熟练掌握 WinDLX 模拟器的操作和使用。

（2）熟悉 DLX 指令集结构及其特点。

### 3.1.2 实验器材

PC 计算机一台、WinDLX 模拟器、Vmware 虚拟机、WinXP 操作系统。

### 3.1.3 实验内容

（1）用 WinDLX 模拟器执行求阶乘程序 fact. s。这个程序说明浮点指令的使用。该程序从标准输入读入一个整数，求其阶乘，然后将结果输出。该程序中调用了 input. s 中的输入子程序，这个子程序用于读入正整数。

（2）用 WinDLX 模拟器执行求最大公约数程序 gcm. s。该程序从标准输入读入两个整数，求其最大公约数，然后将结果写到标准输出。该程序中调用了 input. s 中的输入子程序。

（3）通过上述使用 WinDLX，总结 WinDLX 的特点。

## 3.1.4　实验原理

1. WinDLX 的安装和启动

（1）WinDLX 创建目录，例如，D：\ WINDLX。

（2）解压 WinDLX 软件包或拷贝所有的 WinDLX 文件（至少包含 windlx. exe，windlx. hlp，fact. s 和 input. s）到这个 WinDLX 目录。

（3）双击 WinDLX 图标启动 WinDLX。

2. WinDLX 主窗口的 6 个子窗口

分别为"Register"，"Code"，"Pipeline"，"Clock Cycle Diagram"，"Statistics"和"Breakpoints"。

## 3.1.5　实验步骤

1. 双击 WinDLX 图标

双击 WinDLX 图标运行 WinDLX。装入测试程序之前，先初始化 WinDLX 模拟器：点击 File 菜单中的 Reset all 菜单项，弹出一个"Reset DLX"对话框。然后点击窗口中的"确认"按钮即可。

2. 选择 File / Load Code or Data

按如下步骤操作，可将 fact. s 和 input. s 这两个程序装入主存，如图 3-1 所示。

- 点击 fact. s
- 点击 select 按钮
- 点击 input. s
- 点击 select 按钮
- 点击 load 按钮

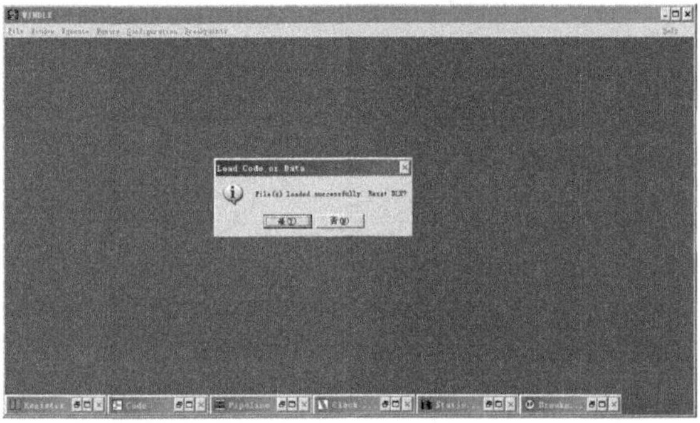


**图 3-1　File（s）加载**

3. 运行

点击主窗口中的 Execute 开始运行，如图 3-2 所示。

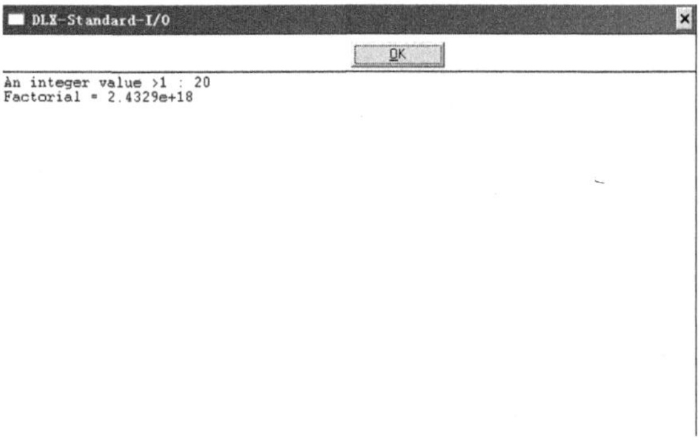


**图 3-2　运行界面**

4. 运行其他程序

程序 gcm. s 和 prim. s 的运行过程同上。

### 3.1.6　实验结果分析

依次加载 fact. s 和 input. s 后，运行程序并熟悉各功能窗口的应用。

### 3.1.7　实验结论

WinDLX 是一款十分轻便好用的软件，通过多角度的观察来了解流水线作业中的各种问题并解决，是模拟和解决流水线问题的得力助手。

## 3.2　DLX 流水线结构相关

### 3.2.1　实验目的

（1）理解流水线中的结构相关。
（2）了解结构相关对 CPU 性能的影响。

### 3.2.2　实验器材

PC 计算机一台、WinDLX 模拟器、Vmware 虚拟机、WinXP 操作系统。

### 3.2.3　实验内容

（1）用 WinDLX 模拟器运行程序 structure_ d. s（禁止定向技术，在 Clock Cycle Dragram 子窗口中按 F7 键单步执行，

可以不考虑程序的功能，只关心相邻指令间执行的相关）。

（2）通过模拟，找出存在结构相关的指令对以及导致结构相关的部件。

（3）记录由结构相关引起的暂停时钟周期数，计算暂停时钟周期数占总执行周期数的百分比。

（4）论述结构相关对 CPU 性能的影响，讨论解决结构相关的方法。

### 3.2.4 实验原理

（1）结构相关是指因为程序的执行方向可能被改变而引起的相关。可能改变程序执行方向的指令通常有无条件转移、一般条件转移、复合条件转移、子程序调用、中断等。

（2）WinDLX 模拟器运行程序后，打开 Statistics 窗口可看到各个方面的信息：硬件配置情况、暂停及原因、条件分支、Load/Store 指令、浮点指令和 traps。

（3）查看 Statistics 窗口信息，找出存在结构相关的指令对以及导致结构相关的部件，计算暂停时钟周期数占总执行周期数的百分比。

### 3.2.5 实验步骤

1. 双击 WinDLX 图标

双击 WinDLX 图标运行 WinDLX。装入测试程序之前，先初始化 WinDLX 模拟器：点击 File 菜单中的 Reset all 菜单项，弹出一个“Reset DLX”对话框。然后点击窗口中的“确认”按钮即可。

2. 选择 File / Load Code or Data

按如下步骤操作，可将 structure_ d. s 装入主存：

- 点击 structure_ d. s
- 点击 select 按钮
- 点击 load 按钮

3. 运行

按 F7 键单步执行。

4. 点击 “Statistics” 图标

在主窗口中点击“Statistics”图标，出现一个子窗口。此窗口提供各个方面的信息：硬件配置情况、暂停及原因、条件分支、Load/Store 指令、浮点指令和 traps。

5. 查看 Statistics 窗口

查看 Statistics 窗口中的各种统计数字，记录由结构相关引起的暂停时钟周期数，计算暂停时钟周期数占总执行周期数的百分比。

6. 点击 Configuration 中的 Enable Forwarding

点击 Configuration 中的 Enable Forwarding 使定向无效（去掉小钩），打开 Breakpoints 图标并点击 Breakpoints 菜单，删除所有断点，然后按 F5 键，程序一直运行到结束。

7. 再次打开 Statistics 窗口

记下新的统计数字。计算暂停时钟周期数占总执行周期数的百分比。计算采用定向技术后性能提高的倍数。

## 3.2.6 实验结果分析

1. 第一个结构相关：addd f2，f0，f2

由于前面的数据相关，导致上一条指令 addd f0，f0，f4 暂停在 ID 阶段，所以下一条指令 addd f2，f0，f2 发生结构相关，如图 3-3、图 3-4、图 3-5 所示。

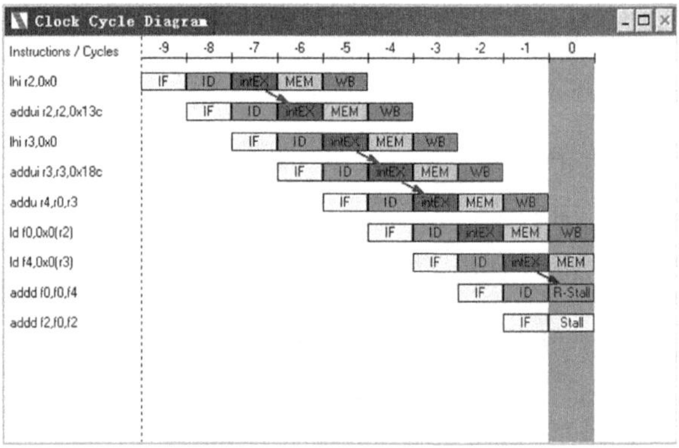


图 3-3 addd 结构相关（1）

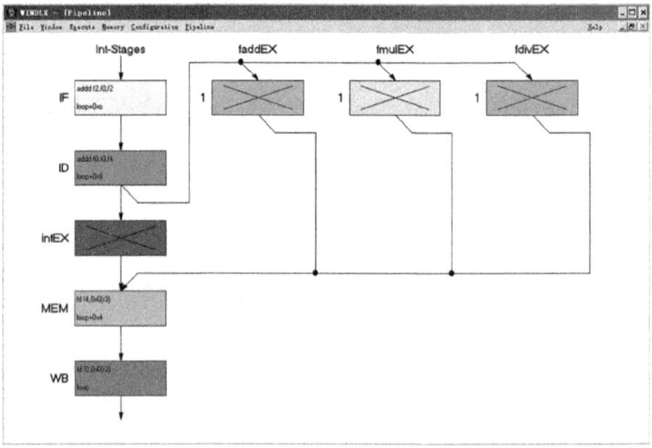


图 3-4 addd 结构相关（2）

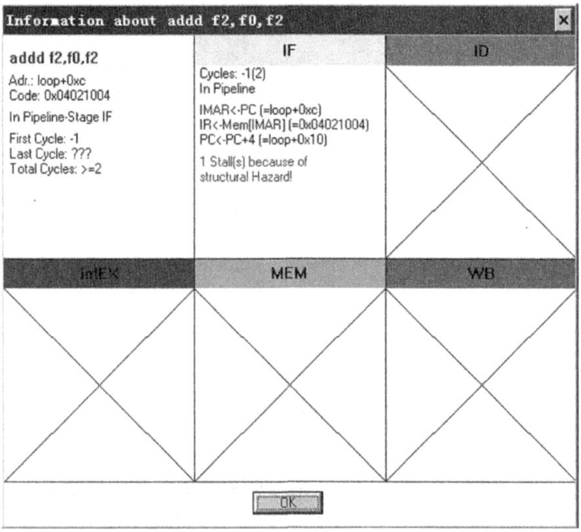


图 3-5　addd 指令的相关信息

2. 第二个结构相关：nop

与第一个结构相关类似。由于数据相关，上一条指令暂停在 ID 阶段，所以导致下一条指令发生结构相关，如图 3-6、图 3-7、图 3-8 所示。

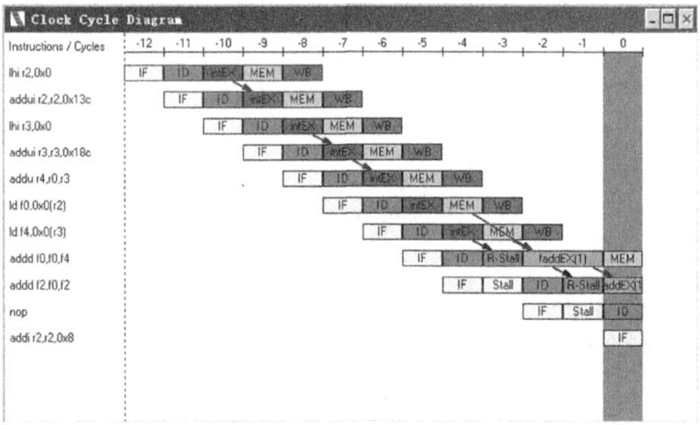


图 3-6　nop 结构相关（1）

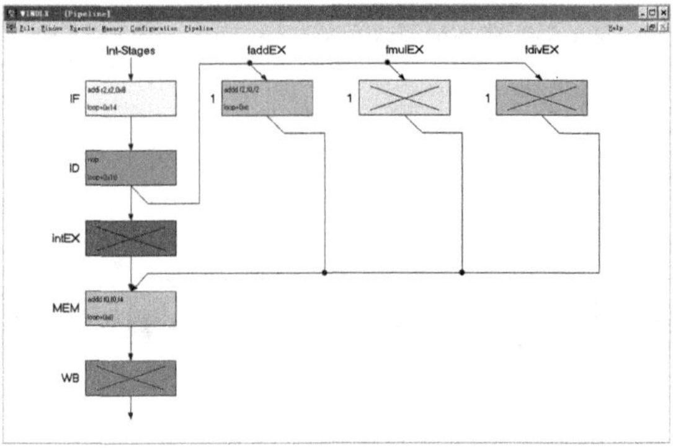


图 3-7　nop 结构相关（2）

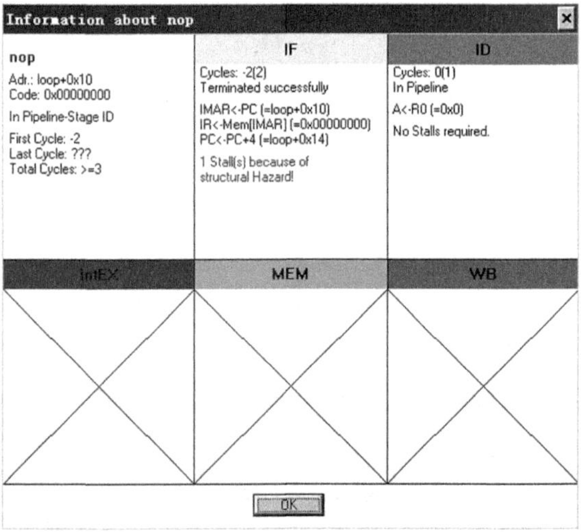


图 3-8　nop 指令的相关信息

3. 第三、第四、第五个结构相关：nop；ADDI R2，R2，0x8；ADDI R3，R3，0x8

这三个结构相关在同一时钟周期发生，所以计算的时候算一个，如图 3-9、图 3-10 所示。

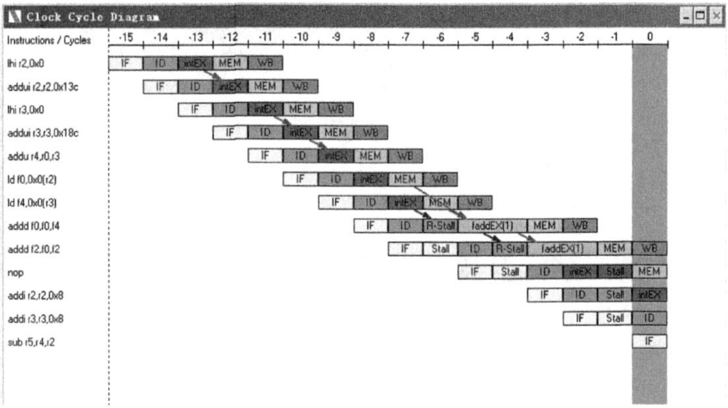


图 3-9　三个结构相关（1）

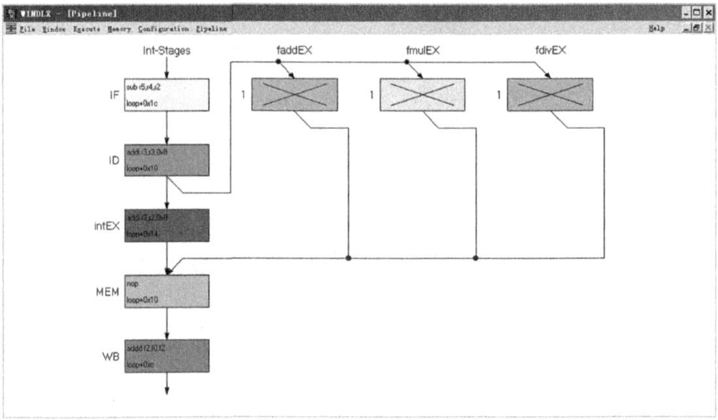


图 3-10　三个结构相关（2）

第三个：nop

访存冲突，由于上一条指令处在访存阶段，所以此条指令需要暂停，为存储器结构相关冲突，如图 3-11 所示。

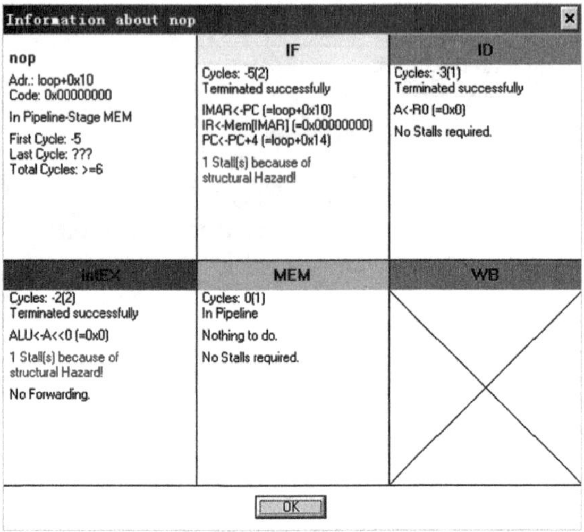


**图 3-11　nop 结构的相关信息**

第四个结构相关：ADDI R2，R2，0x8

与第一个和第二个相关类似，但此处为执行部件冲突的结构相关，如图 3-12 所示。

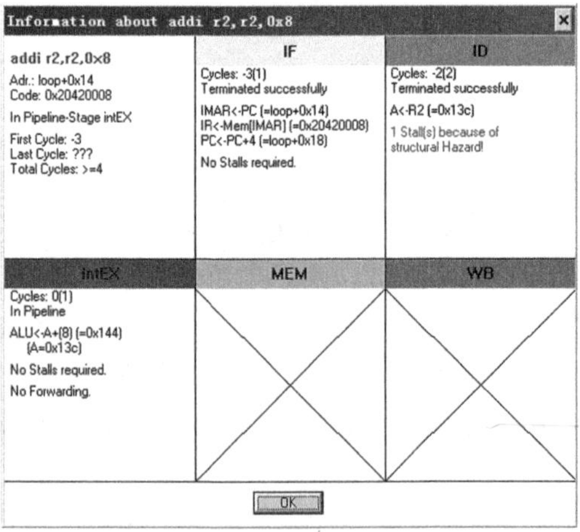


**图 3-12　ADDI 结构的相关信息**

第五个：ADDI R3，R3，0x8

与第一个类似，为译码部件结构相关，如图 3-13 所示。

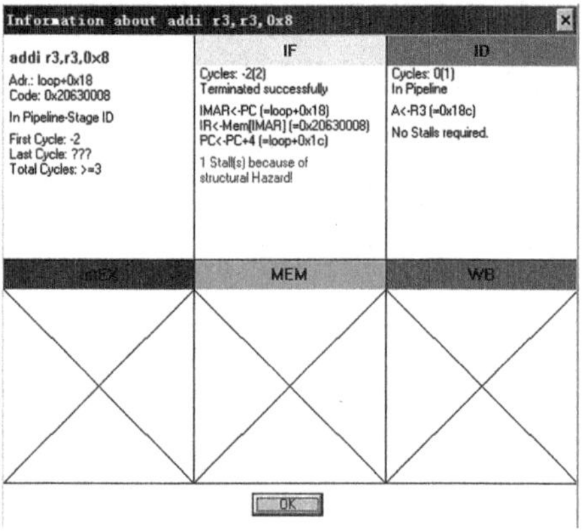


图 3-13　ADDI 结构的相关信息

4. 由结构相关引起的暂停时钟周期数为 3

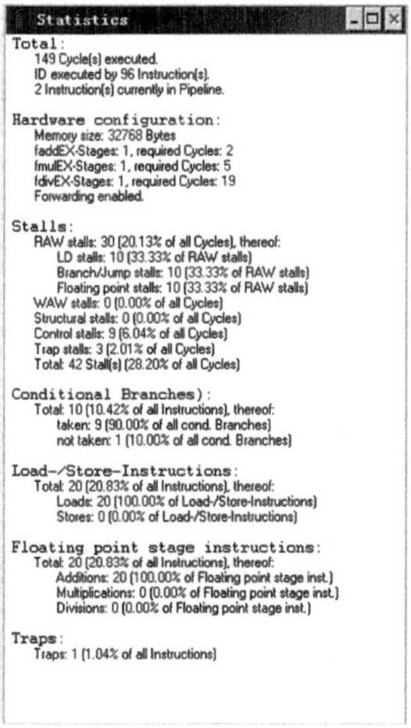


图 3-14　数据统计

由图 3-14 统计信息可知：此程序一共有 149 个周期，而程序一共循环 10 次，每次有 5 个结构相关，但后三个在同一时钟周期发生，一次相关暂停一个周期。

计算暂停时钟周期数占总执行周期数的百分比：

$(3\times 10/149)\times 100\% = 20.13\%$

5. 结构相关对 CPU 性能的影响

发生结构相关时，必然会导致流水线效率的降低，如果处理不当甚至会发生错误。

解决结构相关的方法：

(1) 流水化功能单元。

(2) 资源重复。

(3) 暂停流水线。

### 3.2.7 实验结论

(1) 发生结构相关时，必然会导致流水线效率的降低，如果处理不当甚至会发生错误。

(2) 采用定向技术可以成功提升性能。

## 3.3 DLX 流水线数据相关实验

### 3.3.1 实验目的

(1) 理解流水线的数据相关。

(2) 掌握如何使用定向技术来减少数据相关带来的暂停。

### 3.3.2 实验器材

PC 计算机一台、WinDLX 模拟器、Vmware 虚拟机、

WinXP 操作系统。

### 3.3.3　实验内容

（1）在不采用定向技术的情况下，用 WinDLX 模拟器运行程序 data_ d. s。

（2）记录数据相关引起的暂停时钟周期数以及程序执行的总时钟周期数，计算暂停时钟周期数占总执行周期数的百分比。

（3）在采用定向技术的情况下，用 WinDLX 模拟器再次运行程序 data_ d. s。

（4）记录数据相关引起的暂停时钟周期数以及程序执行的总时钟周期数，计算暂停时钟周期数占总执行周期数的百分比。

（5）根据上面记录的数据，计算采用定向技术后性能提高的倍数。

### 3.3.4　实验原理

（1）三种数据相关："先读后写"、"先写后读" 和 "写—写" 相关。

（2）在流水线中建立专用数据路径来避免数据相关的基本原理是数据重定向。

（3）WinDLX 模拟器中的 Statistics 窗口：Statistics 窗口提供各个方面的信息：模拟中硬件配置情况、暂停及原因、条件分支、Load/Store 指令、浮点指令和 traps。窗口中给出事件发生的次数和百分比。

### 3.3.5 实验步骤

1. 双击 WinDLX 图标

装入测试程序之前，先初始化 WinDLX 模拟器：点击 File 菜单中的 Reset all 菜单项，弹出一个“Reset DLX”对话框。然后点击窗口中的“确认”按钮即可。

2. 选择 File / Load Code or Data

按如下步骤操作，可将 data_ d. s 装入主存：

- 点击 data_ d. s
- 点击 select 按钮
- 点击 load 按钮

3. 运行

点击主窗口中的 Execute 开始运行。

4. 在主窗口中点击“Statistics”图标

此时会出现一个子窗口。此窗口提供各个方面的信息：模拟中硬件配置情况、暂停及原因、条件分支、Load/Store 指令、浮点指令和 traps。

5. 查看 Statistics 窗口

查看 Statistics 窗口中的各种统计数字，记录由结构相关引起的暂停时钟周期数，计算暂停时钟周期数占总执行周期数的百分比。

6. 点击 Configuration 中的 Enable Forwarding

使定向无效（去掉小钩），打开 Breakpoints 图标并点击 Breakpoints 菜单，删除所有断点，然后按 F5 键，程序一直运行到结束。

7. 再次打开 Statistics 窗口

记下新的统计数字。计算暂停时钟周期数占总执行周期数的百分比。计算采用定向技术后性能提高的倍数。

## 3.3.6　实验结果分析

1. 不采用定向技术

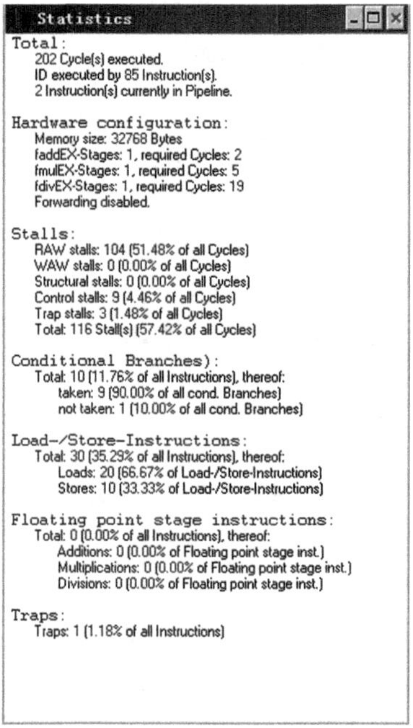


图 3-15　不采用定向技术的数据统计

如图 3-15 所示，在不采用定向技术的情况下，data_ d. s 程序总共执行了 202 个时钟周期，其中由数据相关引起的暂停周期为 104 个，占总执行周期的 51. 48%。

2. 采用定向技术

配置 Configuration 菜单中的选项，设定采用定向技术。

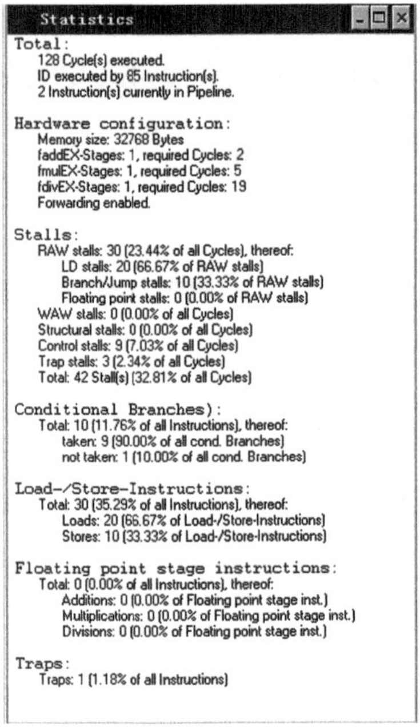


**图 3-16 采用定向技术的数据统计**

如图 3-16 所示，采用定向技术之后，data_ d. s 程序总过执行了 128 个时钟周期，其中由数据相关引起的暂停周期为 30 个，占总执行周期的 23. 44%。

3. 分析

由上述记录可知，通过定向技术，减少了数据相关所引起的暂停周期的数量，缩短了程序的执行周期，整个性能是原来的 1. 58 倍。

### 3.3.7　实验结论

采用定向技术使得流水线中的数据相关冲突数大量降低，从而程序运行周期数明显降低。可知定向技术是解决流水线数据相关冲突的好方法。

## 3.4　DLX 流水线指令调度

### 3.4.1　实验目的

（1）理解指令调度的概念。

（2）了解指令调度对系统性能的影响。

### 3.4.2　实验器材

PC 计算机一台、WinDLX 模拟器、Vmware 虚拟机、WinXP 操作系统。

### 3.4.3　实验内容

（1）用 WinDLX 模拟器运行调度前的程序 sch-befores. s，记录程序执行过程中各种相关发生的次数以及程序执行的总时钟周期数。

（2）用 WinDLX 模拟器运行调度后的程序 sch-after. s，记录程序执行过程中各种相关发生的次数以及程序执行的总时钟周期数。

（3）根据记录结果，比较调度前和调度后的性能，分析其原因。

（4）通过 Configuration 菜单中的“Floating point stages”选项，把除法单元数设置为 3，把加法、乘法、除法的延迟设置为 3 个时钟周期，重做上述三步。

### 3.4.4 实验原理

在非线性流水线中，由于存在有反馈回路，当一个任务在流水线中流过时，在同一个功能段中可能要经过多次。因此不能每一个时钟周期向流水线输入一个新任务，否则会发生在同一个时刻有几个任务争用同一个功能段的情况。这种情况称为功能部件冲突，或流水线冲突。

为了避免冲突，一般采用延迟输入新任务的方法。应该间隔多少时钟周期向流水线输入一个新任务就是非线性流水线的调度问题。

非线性流水线调度的就是找出一个最小的循环周期，按照这个周期向流水线输入新任务，流水线的各个功能段都不会发生冲突，而且流水线的吞吐率和效率最高。

### 3.4.5 实验步骤

（1）将程序 sch-before. s 装入主存后运行。记录程序运行过程中各种相关发生的次数以及程序执行的总时钟周期数。

（2）将程序 sch-after. s 装入主存后运行。记录程序执行过程中各种相关发生的次数以及程序执行的总时钟周期数。

（3）根据记录结果，比较调度前和调度后的性能。

（4）论述指令调度对于提高 CPU 性能的意义。

## 3.4.6　实验结果分析

1. 设置延迟前

（1）运行调度前的程序 sch-befores. s，记录程序执行过程中各种相关发生的次数以及程序执行的总时钟周期数，如图 3-17 所示。其中，数据相关 42，资源相关 54，控制相关 0，Trap25，总共相关 121，总执行周期 130。

**图 3-17　运行调度前**

（2）将程序 sch-after. s 装入主存后运行后，记录程序执行过程中各种相关发生的次数以及程序执行的总时钟周期数，如图 3-18 所示。其中，数据相关 21，资源相关 69，控制相关 0，Trap 39，总共相关 129，总执行周期 124。

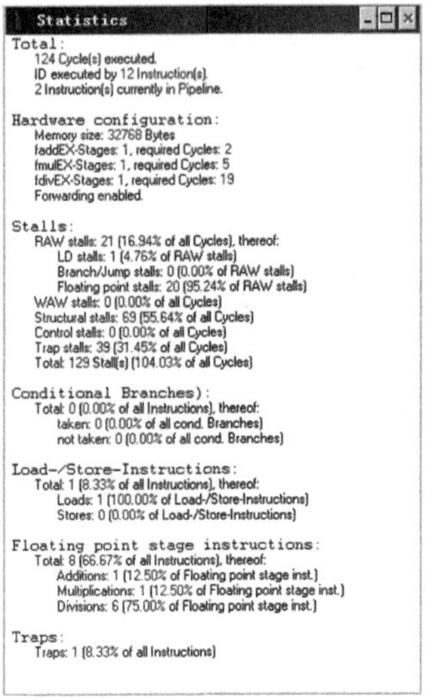


**图 3-18　运行调度后**

（3）根据记录结果，比较调度前和调度后的性能，分析其原因。

采用指令调度后比调度前执行周期减少了 6 次，相关减少了 8 次，说明指令调度技术可以减少程序运行中的相关，能够减少 CPU 的空闲时间，增加吞吐率，提高 CPU 的性能。

2. 参数设置

通过 Configuration 菜单中的“Floating point stages”选项，把除法单元数设置为 3，把加法、乘法、除法的延迟设置为 3 个时钟周期，如图 3-19 所示。

（1）运行调度前的程序 sch-befores. s，记录程序执行过程中各种相关发生的次数以及程序执行的总时钟周期数，如图 3-20、图 3-21 所示。其中，资源相关 0，控制相关 0，Trap7，总共相关 16，总执行周期 27。

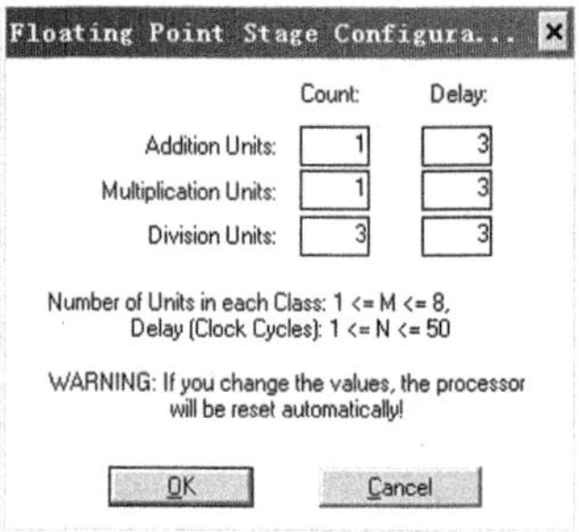


图 3-19　延迟设置

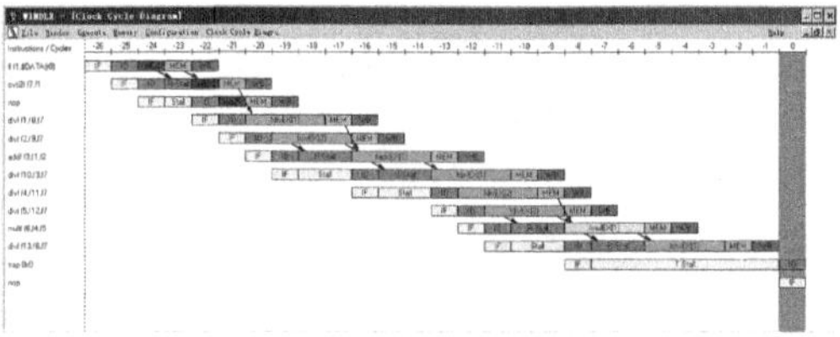

图 3-20　运行调度前情况

图 3-21　运行调度前数据统计

（2）将程序 sch-after. s 装入主存后运行后，记录程序执行过程中各种相关发生的次数以及程序执行的总时钟周期数，如图 3-22、图 3-23 所示。其中，数据相关 3，资源相关 0，控制相关 0，Trap6，总共相关 9，总执行周期 21。

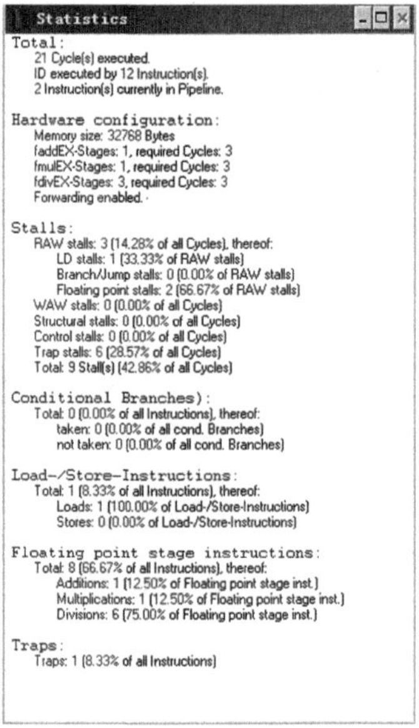


图 3-22　运行调度后数据统计

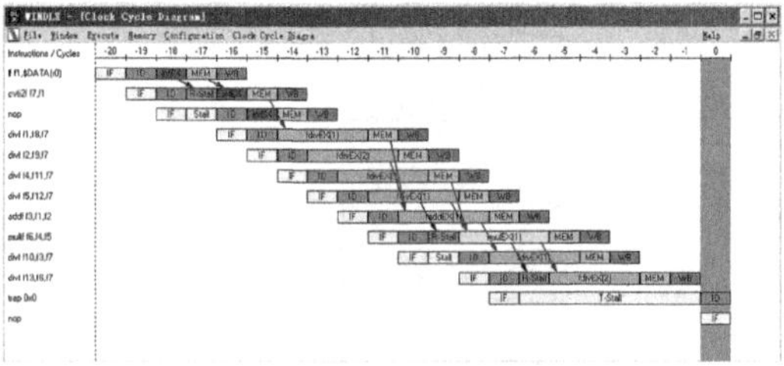

图 3-23　运行调度后情况

（3）根据记录结果，比较调度前和调度后的性能，分析其原因。采用指令调度后比调度前执行周期减少了 6 次，相关减少了 7 次，说明指令调度技术可以减少程序运行中的相关，能够减少 CPU 的空闲时间，增加吞吐率，提高 CPU 的性能。

### 3.4.7　实验结论

采用指令调度技术可以减少程序运行中的相关，能够减少 CPU 的空闲时间，增加吞吐率，提高 CPU 的性能。

# 第 4 章

# 提高性实验

## 4.1 编译器对系统性能的影响实验

### 4.1.1 背景知识

现代电子数字计算机的基本设计思想可以归结为两句话，就是“存储程序、程序控制”。存储程序是指用户想让计算机完成的任何任务都要事先写成程序存储在计算机中，而程序控制则是说，计算机所做的任何事情都是 CPU 通过执行程序来实现的。也就是说，当我们使用计算机时，必须首先以写程序的方式告诉计算机做什么以及怎样做，计算机才能按我们的要求完成交给它的任务。

用 CPU 直接能识别的语言（机器语言）编写程序非常困难，因此大部分程序都是人们用能够帮助记忆的符号（汇编语言）或接近自然语言的编程语言（高级语言）来完成的，这种用汇编语言或高级语言编写的程序必须经编译器翻译成机器语言才能让 CPU 执行。由此可以认为，机器语言（指令集结构）就是编译器的目标，计算机系统的性能能否充分发挥，在很大程度上受编译器的影响。

假设要在 Intel 486 机器上用 C 语言开发一个软件，首先需要编写一个基于 Intel 486 指令系统的 C 语言编译器，该编译器知道 Intel 486 CPU 执行指令的特点及全部的 486 机器指令，因此该编译器能将 C 语言源程序高效、最优的翻译成最适合 Intel486 CPU 执行的目标代码。当 Intel 586 上市后，因为兼容性基于 486 的 C 语言编译器也可以在 586 上用，但效率却不高，因为该编译器并不知道 586 新增的功能和指令，它仍然把 C 语言源程序翻译成基于 486 的目标代码，相当于把 586 当作 486 来用一样。现在大家普遍使用的 Windows 下的 Turbo C，其编译器可能是基于 386 的，相当于我们把 P4 当作 386 用一样。当然这仅指指令系统，毕竟 P4 的主频和 386 不可同日而语，更何况还有主存容量。好在目前计算机体系结构的现状是 CPU 时钟足够多，内存容量也足够大，问题在彼此的速度匹配上。

一方面，目前程序设计语言的发展方向更多考虑的是软件设计的易用性（可视化界面）、复用性（面向对象）、安全性和正确性，从而使程序设计语言离底层硬件越来越远。另一方面，硬件设计目标只有一个，那就是采取各种加快执行指令的措施来提高速度。编译器处在中间，面对越来越复杂的软件编译优化越来越困难，面对层出不穷的硬件架构，越来越难适应，其位置更显重要。从某种角度讲，我们使用计算机是最浪费的，使用很少的 CPU 时钟（10%左右），没有利用硬件提供的很多优秀技术等，只是速度掩盖了一切。

因此，编译器对体系结构的影响是很重要的。一方面，计算机体系结构设计要充分了解现代编译技术，因为体系结构设计的新技术要靠编译器去应用，而不是用户。比如，一般而言，CPU 中寄存器个数越多越好（它比内存单元速度快），但如果编译技术利用不上，也是没用的。用户不会在程序中说要用那些寄存器，甚至用户不知寄存器为何物也能写出很好的程序。另一方面，编译器也要与时俱进，尽可能的改进编译优化技术来全面利用体系结构提供的新功能。

本实验通过两个比较典型的 C 语言编译器对同一个 C 语言源程序的不同编译结果，使大家对编译器影响系统性能的程度有一个感性的认识。

1. gcc 简介

Linux 系统下的 gcc（GNU C Compiler）是 GNU 推出的功能强大、性能优越的多平台编译器，是 GNU 的代表作品之一。gcc 是可以在多种硬件平台上编译出可执行程序的超级编译器，其执行效率与一般的编译器相比要高 20%～30%。gcc 编译器既能将 C、C++语言源程序直接编译成可执行文件，也可以只编译成目标代码，还可以将多个目标代码编译、链接成可执行文件。gcc 的编译过程需要经历四个相互关联的步骤：预处理（也称预编译，Preprocessing）、编译（Compilation）、汇编（Assembly）和链接（Linking）。gcc 首先调用 cpp 进行预处理，在预处理过程中，对源代码文件中的文件包含（include）、预编译语句（如宏定义 define 等）进行分析。接着调用 ccl 进行编译，这个阶段根据输入文件生成以 .o 为后缀的目标代码。汇编过程是针对汇编语言的步骤，调用 as 进行工作。一般来讲，以 .S 为后缀的经过预编译的汇编语言源代码文件

和以 . s 为后缀的汇编语言源代码文件经过预编译和汇编之后都生成以 . o 为后缀的目标代码。当所有的目标代码都生成之后，gcc 就调用 ld 来完成最后的关键性工作，这个阶段就是链接。在链接阶段，所有的目标代码被安排在可执行文件中的恰当的位置，同时可执行文件中所调用到的库函数也从各自所在的包中连到合适的地方。

在使用 gcc 编译器时，我们必须给出一系列必要的调用参数和文件名称。gcc 编译器的调用参数大约有 100 多个，其中多数参数我们可能根本就用不到，这里只介绍其中最基本、最常用的参数。

gcc 最基本的用法是：gcc [options] [filenames]

其中 options 就是编译器所需要的参数，filenames 给出待编译的文件名称。

-c，只编译成目标代码，不链接成为可执行文件，通常用于编译不包含主程序的子程序文件。

-o output_ filename，给出可执行名称为 output_ filename。如果不给出这个选项，gcc 就生成缺省的可执行文件名 a. out。

-g，产生符号调试工具（GNU 的 gdb）所必要的符号资讯，要想对源代码进行调试，我们就必须加入这个选项。

-O，对程序进行优化编译、链接，采用这个选项，整个源代码会在编译、链接过程中进行优化处理，这样产生的可执行文件的执行效率可以提高，但是编译、链接的速度就相应地要慢一些。

-O2，比-O 更好的优化编译、链接，当然整个编译、链接过程会更慢。

-I dirname，将 dirname 所指出的目录加入到程序头文件目录列表中，是在预编译过程中使用的参数。C 程序中的头文件包含两种情况：

（A）#include <myinc. h>

（B）#include “myinc. h”

A 类使用尖括号（< >），B 类使用双引号（“”）。对于 A 类，预处理程序 cpp 在系统预设包含文件目录（如/usr/include）中搜寻相应的文件。而对于 B 类，cpp 在当前目录中搜寻头文件，这个选项的作用是告诉 cpp，如果在当前目录中没有找到需要的文件，就到指定的 dirname 目录中去寻找。在编译程序时，如果我们需要的这种包含文件分别分布在不同的目录中，就需要逐个使用-I 选项给出搜索路径。

-L dirname，将 dirname 所指出的目录加入到程序函数库文件的目录列表中，是在链接过程中使用的参数。在预设状态下，链接程序 ld 在系统的预设路径中（如/usr/lib）寻找所需要的函数库文件。这个选项告诉链接程序，首先到-L 指定的目录中去寻找，然后到系统预设路径中寻找，如果函数库存放在多个目录下，就需要依次使用这个选项，给出相应的存放目录。

上面我们简要介绍了 gcc 编译器最常用的功能和主要参数选项，更为详尽的资料可以参看 Linux 系统的联机帮助，即用 man gcc 命令。

gcc 编译器如果发现源程序中有错误，就无法继续进行，也无法生成最终的可执行文件。为了便于修改，gcc 给出错误资讯，我们必须对这些错误资讯逐个进行分析、处理，并修改相应的语言，才能保证源代码的正确编译链接。gcc 给出的错误资讯一般可以分为四大类：第一类：C 语法错误。这种类型的错误，一般都是 C 语言的语法错误，应该仔细检查源代码文件中提示给出的第 n 行及该行之前的程序，有时也需要对该文件所包含的头文件进行检查。有些情况下，一个很简单的语法错误，gcc 会给出一大堆错误，我们最主要的是要保持清醒的头脑，必要的时候再参考一下 C 语言的基本教材。第二类：头文件错误。这类错误是源代码文件中的包含头文件有问题，可能的原因有头文件名错误、指定的头文件所在目录名错误等，也可能是错误地使用了双引号和尖括号。第三类：库文件错误。这类错误是与目标文件相链接的函数库有错误，可能的原因是函数库名错误、指定的函数库所在目录名称错误等，检查的方法是使用 find 命令在可能的目录中寻找相应的函数库名，确定库文件及目录的名称并修改程序中及编译选项中的名称。第四类：未定义符号。这类错误是在链接过程中出现的，可能有两种原因：一是使用者自己定义的函数或者全局变量所在源代码文件，没有被编译、链接，或者干脆还没有定义，这需要使用者根据实际情况修改源程序，给出全局变量或者函数的定义体；二是未定义的符号是一个标准的库函数，在源程序中使用了该库函数，而链接过程中还没有给定相应的函数库的名称，或者是该库文件的目录名称有问题，这时需要使用库文件维护命令 ar 检查我们需要的库函数到底位于哪一个函数库中。确定之后，修改 gcc 链接选项中的-L 项。

2. icc 简介

正如前所述，gcc 是非常著名、功能强大且能够跨越多平台的基于 Linux 的 C 语言编译器，但这种大而全的做法势必造成 gcc 在针对某个具体的平台时，其性能不是最好的。尽管 gcc 可用不同级别的参数进行优化，但这是以时间为代价的。

icc 则是 Intel 专门为其不同型号的 CPU 打造的 C 语言编译器，显然，在 Intel 平台上，icc 应该最好（不是更好）。gcc 由 Linux 系统本身自带，而 icc 则需要单独下载安装。

我们花了很长时间才找到一个免费 Linux 版本的 icc，且没有详细的使用说明，只知道一些最基本的用法，但这对我们的实验已经足够。

### 4.1.2 实验目的

（1）了解 icc 编译器及其应用。

（2）理解编译器对系统性能的影响。

### 4.1.3 实验器材

PC 计算机一台、VMware 虚拟机、Ubuntu 10 linux 操作系统。

### 4.1.4 实验内容

（1）分别用 gcc 和 icc 编译并运行程序 1，分析其结果（icc 命令格式同 gcc）。

（2）修改程序 1，将数组 p 分别定义为 char，int 和 double，再分别用 gcc 和 icc 编译并运行，分析其结果，用表格形式总结实验数据，得到了什么结论。

### 4.1.5 实验原理

内存访问速度远不及 CPU 处理速度，为提高机器整体性能，在硬件上引入硬件高速缓存 Cache，加速对内存的访问。Cache 的命中率对系统性能有很大影响。另外在现代 CPU 中指令的执行并不一定严格按照顺序执行，没有相关性的指令可以乱序执行，以充分利用 CPU 的指令流水线，提高执行速度，以上是硬件级别的优化。

在软件一级，也有两种主要优化途径：一种是在编写代码时由程序员优化，另一种是由编译器进行优化。编译器优化常用的方法有：将内存变量缓存到寄存器；调整指令顺序充分利用 CPU 指令流水线，常见的是重新排序读写指令。通过编译器优化后的代码，能更好发挥系统的优势，使得系统性能得到有效提升。Intel 的编译器 icc 针对 Intel 平台进行了优化，而 gcc 没有。在 Intel 平台上比较 icc 和 gcc 编译的程序的效率不相同，可以充分体现编译器优化对系统性能的影响。

## 4.1.6 实验步骤

1. 配置虚拟机

gcc 是 linux 平台的编译器，icc 也支持 linux，因此我们选择在 linux 平台上进行实验。在同一个平台上进行对比实验，理解编译器对系统性能的影响。由于我们常用的系统为 Windows，故采取配置虚拟机的方式来搭建 linux 平台。搭建 linux 平台步骤如下：

安装虚拟机软件。Vmware workstation 10，选择试用（可以在网络上找到破解工具或序列号）。

（1）下载 Ubuntu10.04 系统镜像备用。

（2）启动 Vmware workstation 10，选择新建虚拟机。指定从刚才下载的 Ubuntu10.04 镜像启动，其他选项均可用默认选项。

（3）启动刚才新建的虚拟机，按提示安装 Linux 操作系统。该流程与用光盘在实体机上安装 Ubuntu10. 04 一样。

（4）进入刚新建的虚拟机，安装 Vmware TOOLS 。该操作在菜单栏【虚拟机】选项下面。可以先测试 vi 步骤功能能否实现，如果步骤 vi 可以完成，可以跳过此步骤。

（5）为虚拟机分配共享文件夹。在虚拟机【设置】的【选项】下面。选择一个文件夹，与虚拟机共享，以便主机与虚拟机之间传输数据。测试程序、安装工具包等都通过这里获取。

2. 配置编译器

打开终端，输入 gcc，提示 gcc：no input files 。表明 gcc 已经安装好了。

icc 是 Intel 的编译器，linux 不会随机附带，需要手动安装。安装 icc 过程如下：

（1）安装 g++ 。此时还需要安装 g++ ，因为安装 icc 时需要 g++支持。确保电脑接入网络，在终端输入 yum install gcc-c++ ，回车。

（2）icc 编译器获取。icc 编译器可以到 intel 官方站点下载。Intel 开发者板块提供了非商业版本的开发套件下载。按提示填写邮箱和姓名，可以获取非商业版本序列号或评估授权。可选择的版本有：

https：//software. intel. com/en - us/articles/intel - parallel - studio-xe-2013-release-notes/（以下简称 选择 1）

https：//software. intel. com/en - us/articles/intel - c - composer-xe-2013-release-notes/（以下简称 选择 2）

（3）把下载好的编译器套件放到共享文件夹下，以便在虚拟机中使用。这几个版本都可以使用，本次实验采用的是第

2 个选择 intel-c-composer-xe-2013 。下载下来的文件为 l_ccompxe_ 2013_ sp1. 3. 174. tgz 。该文件 2. 61GB，比选择 1 要小。

（4）在终端下，进入/mnt/hgfs/Linux/Intel 目录。Linux 为共享文件夹名字，/mnt/hgfs 目录是默认的共享文件夹路径，Linux/Intel 目录下存放了 icc 相关文件 。

（5）解压安装包。终端输入 tar-xzvf l_ccompxe_2013_sp 1. 3. 174. tgz。

（6）安装。进入 /mnt/hgfs/Linux/Intel/l_ ccompxe_ 2013_sp 1. 3. 174 目录。输入命令 ll 可以看到有 install_ GUI. sh、install. sh 及其他相关文件。install_ GUI. sh 是打开图形化界面安装，install. sh 则是在控制台界面安装。选择 1 的套件在图形化界面和控制台下均可安装，而选择 2 在 install_ GUI. sh 在该版本运行不兼容，可以用 install. sh 进入控制台界面安装。在控制台输入 ./ install. sh ，回车键。按提示安装，默认选项即可。直到安装完成。

（7）控制台输入 icc ，回车键。提示没有此命令。此时还需要对系统文件进行配置。在控制台输入 vi ~/. bashrc ，光标移动到文件末尾，在 文件中添加 一行：source /opt/intel/composer_ xe_ 2013_ sp1. 3. 174/bin/compilervars. shia32 。输入命令 wq！强制保存退出。

（8）控制台输入 icc ，提示 icc：command line error：no files specified；for help type " icc -help" 表示 icc 已经成功安装。

（9）输入 which gcc 或者 which icc 可以查看安装路径，输入 gcc - v 或者 icc - v 可以查看编译器版本。

3. 运行测试程序

用 vim 编辑代码。该代码保存为 fCode. c。将代码中的数组 p 类型依次改为 char、int、double，并分别保存为 chCode. c、iCode. c、dCode. c。代码文件均放在/mnt/hgfs/homework 目录。也可以在 Windows 主机下，编写代码放在共享目录下的 homework 目录下。

在终端，进入/mnt/hgfs/homework 目录。输入 gcc - c chCode. c 回车，得到 chCode. o 再输入 gcc - o chCode_ gcc chCode. o 回车，得到可执行文件 chCode_ gcc。该文件是用 gcc 编译的数组类型为 char 的代码对应的可执行文件。也可以用 gcc - o chCode_ gcc chCode. c 一次性完成编译链接。icc 与 gcc 用法一样，输入 icc - o chCode_ icc chCode. c 得到用 icc 编译的数组类型为 char 的源文件对应的可执行文件 chCode_ icc 。依次对 chCode. c 、iCode. c、dCode. c、fCode. c 分别用 icc 和 gcc 进行编译，得到相应的可执行文件。过程如图 4-1 所示。

在终端输入 ./ chCode_ gcc 回车，可观察由 gcc 编译的程序输出的运行时间。再输入 ./ chCode_ icc 观察由 icc 编译的程序输出的运行时间。这两个程序中数组类型均为 char。发现后者所用时间明显少于前者。依次运行其他编译好的程序，记录数据。过程如图 4-2 所示。

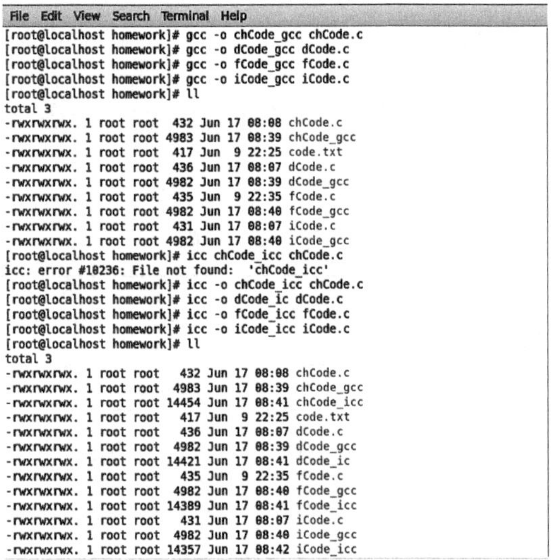

```
File  Edit  View  Search  Terminal  Help
[root@localhost homework]# gcc -o chCode_gcc chCode.c
[root@localhost homework]# gcc -o dCode_gcc dCode.c
[root@localhost homework]# gcc -o fCode_gcc fCode.c
[root@localhost homework]# gcc -o iCode_gcc iCode.c
[root@localhost homework]# ll
total 3
-rwxrwxrwx. 1 root root  432 Jun 17 08:08 chCode.c
-rwxrwxrwx. 1 root root 4983 Jun 17 08:39 chCode_gcc
-rwxrwxrwx. 1 root root  417 Jun  9 22:25 code.txt
-rwxrwxrwx. 1 root root  436 Jun 17 08:07 dCode.c
-rwxrwxrwx. 1 root root 4982 Jun 17 08:39 dCode_gcc
-rwxrwxrwx. 1 root root  435 Jun  9 22:35 fCode.c
-rwxrwxrwx. 1 root root 4982 Jun 17 08:40 fCode_gcc
-rwxrwxrwx. 1 root root  431 Jun 17 08:07 iCode.c
-rwxrwxrwx. 1 root root 4982 Jun 17 08:40 iCode_gcc
[root@localhost homework]# icc chCode_icc chCode.c
icc: error #10236: File not found:  'chCode_icc'
[root@localhost homework]# icc -o chCode_icc chCode.c
[root@localhost homework]# icc -o dCode_ic dCode.c
[root@localhost homework]# icc -o fCode_icc fCode.c
[root@localhost homework]# icc -o iCode_icc iCode.c
[root@localhost homework]# ll
total 3
-rwxrwxrwx. 1 root root   432 Jun 17 08:08 chCode.c
-rwxrwxrwx. 1 root root  4983 Jun 17 08:39 chCode_gcc
-rwxrwxrwx. 1 root root 14454 Jun 17 08:41 chCode_icc
-rwxrwxrwx. 1 root root   417 Jun  9 22:25 code.txt
-rwxrwxrwx. 1 root root   436 Jun 17 08:07 dCode.c
-rwxrwxrwx. 1 root root  4982 Jun 17 08:39 dCode_gcc
-rwxrwxrwx. 1 root root 14421 Jun 17 08:41 dCode_ic
-rwxrwxrwx. 1 root root   435 Jun  9 22:35 fCode.c
-rwxrwxrwx. 1 root root  4982 Jun 17 08:40 fCode_gcc
-rwxrwxrwx. 1 root root 14389 Jun 17 08:41 fCode_icc
-rwxrwxrwx. 1 root root   431 Jun 17 08:07 iCode.c
-rwxrwxrwx. 1 root root  4982 Jun 17 08:40 iCode_gcc
-rwxrwxrwx. 1 root root 14357 Jun 17 08:42 iCode_icc
```

图 4-1　执行过程

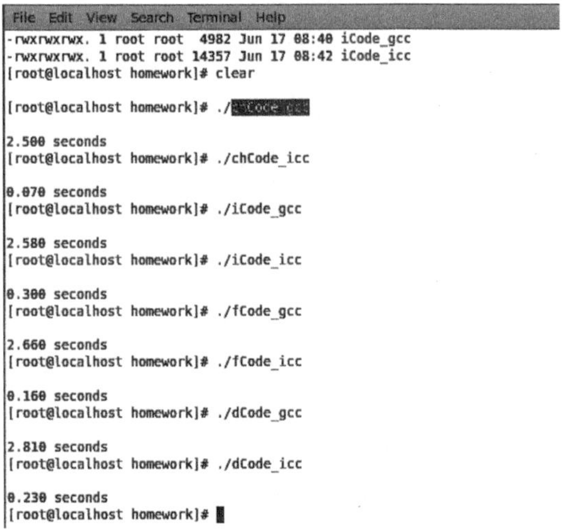

```
File  Edit  View  Search  Terminal  Help
-rwxrwxrwx. 1 root root  4982 Jun 17 08:40 iCode_gcc
-rwxrwxrwx. 1 root root 14357 Jun 17 08:42 iCode_icc
[root@localhost homework]# clear

[root@localhost homework]# ./chCode_gcc

2.500 seconds
[root@localhost homework]# ./chCode_icc

0.070 seconds
[root@localhost homework]# ./iCode_gcc

2.580 seconds
[root@localhost homework]# ./iCode_icc

0.300 seconds
[root@localhost homework]# ./fCode_gcc

2.660 seconds
[root@localhost homework]# ./fCode_icc

0.160 seconds
[root@localhost homework]# ./dCode_gcc

2.810 seconds
[root@localhost homework]# ./dCode_icc

0.230 seconds
[root@localhost homework]#
```

图 4-2　实验运行数据

### 4.1.7 实验结果分析

通过运行编译好的四个不同的程序并记录各自的运行时间，得到表 4-1。

表 4-1 运行时间

| 编译器 | char | int | float | double |
|---|---|---|---|---|
| icc | 0.070 | 0.300 | 0.160 | 0.230 |
| gcc | 2.500 | 2.580 | 2.660 | 2.810 |

表中第一行表示程序中数组 p 的类型，第一列表示所使用的编译器，数字则是不同组合得到的程序运行消耗的时间。该时间是由程序中设置的计时代码输出的。

通过表 4-1 发现，icc 编译的程序明显比 gcc 编译的运行快，不论程序处理什么样的数据类型。也就是说，通过 icc 来编译程序，系统的效率得到了提升。这是因为本次实验所使用的 CPU 芯片为 Intel i5 系列的产品，Intel 的 icc 编译器针对 Intel 系列的芯片进行了优化。也就是说，在 Intel 平台上使用 icc 编译器来编译程序，能使系统性能得到显著提高。

推测在 AMD 平台上，icc 编译的程序将不一定比 gcc 编译的程序高效。

综上所述，通过使用编译器对程序进行优化能使系统的性能得到提升。

### 4.1.8 实验结论

本实验通过研究用不同编译器编译的程序的效率差距，来探究编译器优化对系统性能的影响，发现编译器优化可以有效提升系统性能。

综上所述，通过使用编译器对程序进行优化能使系统的性能得到提升。

### 4.1.9 附录

程序1：

```
#include <stdio. h>
#include <time. h>
main ( )
{
    int n = 5000;
    float p [200];
    int i, j, k;
    clock_ t start, finish;
    double duration;
    start = clock ( );
    for (i = 1; i < n; i++)
    for (j = 1; j < 1000; j++)
    for (k = 0; k < 200; k++)
    p [k] = p [k] + 1.0;
    finish = clock ( );
    duration = (double) (finish-start) / CLOCKS_ PER
_ SEC;
    printf (" \ n%2. 3f seconds \ n", duration);
}
```

## 4.2 CPU 性能测试实验

### 4.2.1 背景知识

评价计算机系统的性能，是一个非常复杂的问题。购买计算机时，我们强调的是计算机系统的性能价格比，即花最少的钱买回最适合的计算机，而不是去买速度最快的计算机或最便宜的计算机。使用计算机时，我们强调的是计算机系统的响应速度，说计算机 A 比计算机 B 好，是指 A 执行程序的速度比 B 快。对服务器来说，我们强调的不是其完成一个任务的时间，而是其在单位时间内完成任务的个数，即吞吐率。另外，对服务器而言，稳定性是比吞吐率更重要的一个性能指标。

无论性价比、响应速度还是吞吐率，它们都有一个共同的影响因素，那就是计算机执行程序的速度。假设一个任务，写成程序让计算机去完成，那么，完成该任务的时间将和 CPU 主频、指令系统、编译系统、内存容量、Cache 结构、系统总线、辅存速度等有关系（这恰是计算机体系结构课程的全部内容），这是一个复杂的关系。理论上，衡量计算机执行程序的速度最好的办法就是使用真实程序的实际执行时间，称其为程序的响应时间（response time）。如果说同一个程序在计算机 A 上的响应时间比在计算机 B 上的响应时间短，我们就说计算机 A 执行程序的速度比计算机 B 快。由于一般的实用程序具有一定的片面性，因此对计算机系统的测评都要用权威的基准测试程序（Benchmark）来完成。

响应时间直观的定义是计算机完成某一任务所花的全部时

间，因此又称为墙上时间（wall-clock time）或流逝时间（elapsed time）。墙上时间是很形象的说法。程序的响应时间包括两部分：CPU 实际执行程序的时间（称为 CPU 时间）和进程等待时间。其中进程等待时间包括由于进程调度而必须延迟的时间（即进程在就绪态的时间）和其他等待时间，如磁盘等待、I/O 等待或等待某个外部事件发生等。CPU 执行程序的时间又可以包含两部分：CPU 执行本程序代码的时间和 CPU 执行操作系统代码的时间（如进程调度代码，提供给用户进程的 I/O 代码等）。计算机体系结构就研究如何减少或消除以上这些时间片断，从而缩短程序的响应时间，提高计算机系统的性能。

本实验通过我们设计的几个小程序，使同学们对响应时间和 CPU 时间两个概念有一个比较深刻的理解，从而指导我们在实际使用计算机的过程中知道如何更好地使用计算机系统。程序范例里主要有两个函数：函数 clock（）返回调用该函数的进程从开始执行到执行该函数时的大概 CPU 时间，函数 gettimeofday（）则返回当前的系统时间。前者用来获得 CPU 时间，后者用来计算响应时间。

程序 1 用随机函数产生一个 1000×1000 的矩阵，然后对每个元素操作一次，最后显示 CPU 时间和响应时间。程序 2 从数据文件 data.dat（该数据文件由程序 3 生成）中读入一个 1000×1000 的矩阵，然后对每个元素操作一次，最后显示 CPU 时间和响应时间。程序 4 从标准输入三个整数，然后从标准输出其乘积，最后显示 CPU 时间和响应时间。

需要强调一点的是，clock（）函数返回的时间值是一个近似值，而且单位是毫秒，这是一个粒度很粗的时间单位

(对 CPU 而言)，考虑能否编写函数返回 CPU 时间的精确值(最起码到微秒级)。

### 4.2.2 实验目的

(1) 理解响应时间与 CPU 时间的关系。

(2) 理解吞吐率与 CPU 时间之间的关系。

### 4.2.3 实验器材

PC 计算机一台、VMware 虚拟机、Ubuntu 10 linux 操作系统。

### 4.2.4 实验内容

(1) 调试并运行程序 1，分析其结果。

(2) 调试并执行程序 2，分析其结果。

(3) 调试并执行程序 4，分析其结果。请以最快的速度输入三个 2 位十进制数，并分析结果。

### 4.2.5 实验原理

(1) 响应时间是计算机完成某一任务所花的全部时间，因此又称为墙上时间 (wall-clock time) 或流逝时间 (elapsed time)。程序的响应时间包括两部分：CPU 实际执行程序的时间 (称为 CPU 时间) 和进程等待时间。

(2) 吞吐率是在单位时间内完成任务的个数。

(3) 进程等待时间包括由于进程调度而必须延迟的时间(即进程在就绪态的时间) 和其他等待时间，如磁盘等待、I/O 等待或等待某个外部事件发生等。CPU 执行程序的时间又可以包含两部分：CPU 执行本程序代码的时间和 CPU 执行操作系统代码的时间（如进程调度代码，提供给用户进程的 I/O 代码等）。

（4）函数 clock（）返回调用该函数的进程从开始执行到执行该函数时的大概 CPU 时间，函数 gettimeofday（）则返回当前的系统时间。前者用来获得 CPU 时间，后者用来计算响应时间。

## 4.2.6　实验步骤

（1）安装虚拟机和 Linux 操作系统。

（2）在 Linux 操作系统下运行以下程序，分析其结果。

## 4.2.7　实验结果分析

1. 程序 1 运行结果分析

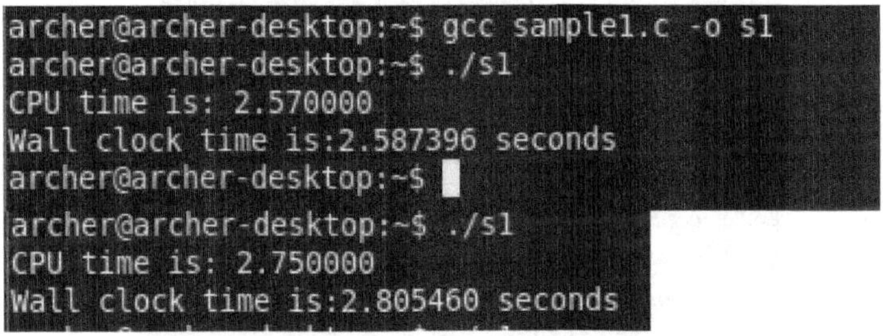

```
archer@archer-desktop:~$ gcc sample1.c -o s1
archer@archer-desktop:~$ ./s1
CPU time is: 2.570000
Wall clock time is:2.587396 seconds
archer@archer-desktop:~$
archer@archer-desktop:~$ ./s1
CPU time is: 2.750000
Wall clock time is:2.805460 seconds
```

**图 4-3　程序 1 运行结果**

由图 4-3 结果可以看出，每次运行程序的 CPU 时间和响应时间都不一样，但响应时间始终大于 CPU 时间。

2. 程序 2 运行结果分析

```
archer@archer-desktop:~$ gcc sample2.c -o s2
archer@archer-desktop:~$ ./s2
CPU time is: 2.730000
Wall clock time is: 2.761015 seconds
archer@archer-desktop:~$ ./s2
CPU time is: 2.750000
Wall clock time is: 2.788065 seconds
archer@archer-desktop:~$ ./s2
CPU time is: 2.770000
Wall clock time is: 2.884679 seconds
```

**图 4-4　程序 2 运行结果**

由图 4-4 结果可以看出，每次运行程序的 CPU 时间和响应时间都不一样，但响应时间始终大于 CPU 时间。

3. 程序 3 运行结果分析

```
archer@archer-desktop:~$ ./s1
CPU time is: 2.720000
Wall clock time is:2.763473 seconds
archer@archer-desktop:~$ ./s4
11
22
33
7986
CPU time is: 0.000000
Wall clock time is:1.384788 seconds
archer@archer-desktop:~$ ./s4
12
34
56
22848
CPU time is: 0.000000
Wall clock time is:1.233200 seconds
archer@archer-desktop:~$
```

**图 4-5　程序 3 运行结果分析**

由图 4-5 结果可以看出，程序进行计算的 CPU 时间趋近于 0，而响应时间为从键盘输入三个数字的时间。

### 4.2.8　实验结论

程序的响应时间包括两部分：CPU 实际执行程序的时间（称为 CPU 时间）和进程等待时间。因此，实验中响应时间始终大于 CPU 时间。CPU 时间越小，响应时间越小，吞吐率越大，计算机的性能越好。

### 4.2.9　附录

程序 1：

```
#include <stdlib.h>
#include <stdio.h>
#include <time.h>
#include <sys/time.h>
#include <unistd.h>
#define size 1000
#define step 1000
main ()
{
    int i, j, k, temp;
    char *a;
    clock_t end;
    struct timeval time1, time2;
    gettimeofday (&time1, NULL); //取得当前系统时间
    a = (char *) malloc (size * size); //为数组 a 申请
```

内存空间

```
        for (i = 0; i < size; i++)
        for (j = 0; j < size; j++)
        a [i * size + j] = (char) (10.0 * rand () /
(RAND_ MAX + 1.0) );
        for (i = 0; i < size; i++)
        for (j = 0; j < size; j++)
        for (k = 0; k < step; k++)
        temp = a [i * size + j] * a [i * size + j];
        end = clock (); //取得 CPU 时间
        gettimeofday (&time2, NULL); //取得当前的系统
时间
        time2. tv_ sec -= time1. tv_ sec; //计算响应时间
        time2. tv_ usec -= time1. tv_ usec;
        if (time2. tv_ usec < 0L) {
        time2. tv_ usec += 1000000L;
        time2. tv_ sec -= 1;
        }
        printf (" CPU time is: %f \ n", end / 1000000.0);
        printf (" Wall clock time is:%ld. %6ld seconds \ n",
time2. tv_ sec, time2. tv_ usec);
        free (a);
        return 0;
    }
```

程序 2:

```
#include <stdlib. h>
```

```
#include <stdio. h>
#include <time. h>
#include <sys/time. h>
#define size 1000
#define step 1000
main ( )
{
    int i, j, k, temp;
    char * a;
    FILE * fp;
    clock_ t end;
    struct timeval time1, time2;
    gettimeofday (&time1, NULL);
    fp = fopen (" data. dat", " r" );
    a = (char * ) malloc (size * size);
    for (i = 0; i < size; i++)
    for (j = 0; j < size; j++)
    a [i * size + j] = fgetc (fp);
    fclose (fp);
    for (i = 0; i < size; i++)
    for (j = 0; j < size; j++)
    for (k = 0; k < step; k++)
    temp = a [i * size + j] * a [i * size + j];
    end = clock ( );
    gettimeofday (&time2, NULL);
    time2. tv_ sec -= time1. tv_ sec;
```

```
        time2.tv_usec -= time1.tv_usec;
        if (time2.tv_usec < 0L) {
        time2.tv_usec += 1000000L;
        time2.tv_sec -= 1;
        }
        printf (" CPU time is: %f \n", end / 1000000.0);
        printf (" Wall clock time is: %ld.%6ld seconds \n",
time2.tv_sec, time2.tv_usec);
        free (a);
        return 0;
    }
```

程序 3：

```
    #include <stdlib.h>
    #include <stdio.h>
    #define size 1000
    main ()
    {
        FILE *fp;
        int i, j;
        fp = fopen (" data.dat", " w" );
        srand ( (int) time (0) ); //初始化随机数发生器
        for (i = 0; i < size; i++)
        for (j = 0; j < size; j++)
        fputc ( (int) (10.0 * rand () / (RAND_MAX +
1.0) ), fp);
        fclose (fp);
```

```
}
```

程序4：

```
#include <stdio.h>
#include <time.h>
#include <sys/time.h>
main ()
{
    int i, j, k;
    clock_t end;
    struct timeval time1, time2;
    gettimeofday (&time1, NULL);
    scanf ("%d%d%d", &i, &j, &k);
    printf ("%d\n", i * j * k);
    end = clock ();
    gettimeofday (&time2, NULL);
    time2.tv_sec -= time1.tv_sec;
    time2.tv_usec -= time1.tv_usec;
    if (time2.tv_usec < 0L) {
    time2.tv_usec += 1000000L;
    time2.tv_sec -= 1;
    }
    printf (" CPU time is: %f\n", end / 1000000.0);
    printf (" Wall clock time is:%ld.%6ld seconds \n",
time2.tv_sec, time2.tv_usec);
    return 0;
}
```

# 4.3 基于 Cache 的矩阵乘积算法性能改善实验

## 4.3.1 背景知识

Bill Joy（Sun Microsystems 公司首席科学家兼首席执行官）曾开玩笑地说，高速缓存（Cache）是计算机科学中唯一重要的思想。虽然是一句玩笑话，但从中也可以看出高速缓存在计算机体系结构中确实占据了很重要的地位。

描述 Cache 概念的第一篇论文可以追溯到 1965 年 Wilkes 发表的论文（M. V. Wilkes. “Slave Memoriesand Dynamic Storage Allocation”, Trans. IEEE, Vol. EC-14, No. 2, Apr. 1965：270-271)。他在文中说：“讨论这样一种存储器的使用方式，一个容量为 32000 个字的快速主存在一个容量为 100 万个字的速度较慢的主存的控制下工作，则以这种方式，在实际情况中，有效的存储器访问时间接近于快速存储器而不是较慢的存储器。” Wilkes1913 年出生于英国，曾参与 EDSAC 的设计，1980 年因对 Cambridge Ring Network 的突出贡献而获得 Eckert-Mauchly 奖。随后，IBM 在 1968 年生产出第一台带有 Cache 的商业化计算机 IBM 360/85。测试表明，在 11 个测试程序中，只有 3 个程序是 360/91（时钟周期 60ns）胜过了 360/85（时钟周期 80ns)。之后就展开了关于 Cache 的大讨论。编译器和操作系统体系结构支持研讨会（Symposium on Architecture Support for Compilers and Operating Systems，ASPLOS）和国际计算机系统结构研讨会（International Computer Architecture Symposium，ISCA）从 20 世纪 90 年代以来，发表的关于 Cache 的论文不计其数，以致有些人戏称 ISCA 为国际 Cache 结构研讨会。

时至今日，Cache 应用无处不在。图 4-6 是一种单机系统中 Cache 分布情况。在网络中，Cache 也是比比皆是，如代理服务器、DNS 服务器等。另外，目前计算机系统的情况是，CPU 时钟非常丰富，存储空间也足够的大，瓶颈问题是数据取不出来，而 Cache 思想则是解决办法之一。

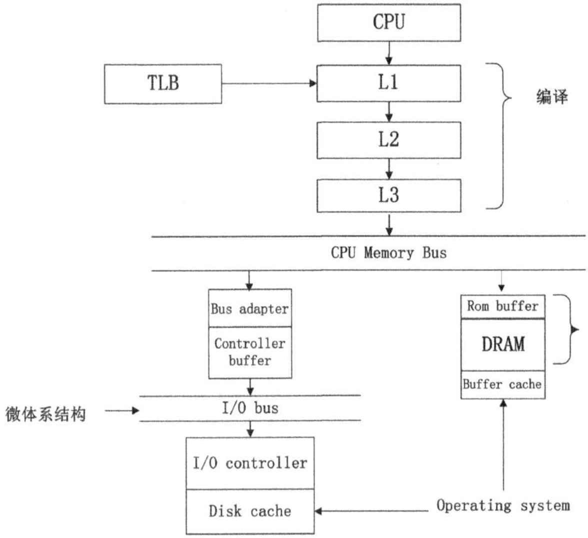


**图 4-6　Cache 分布情况**

那么，Cache 对我们有什么实际意义呢？无论我们将来是从事高性能计算，还是感兴趣于网络开发，抑或喜欢数据库研发，都离不开要考虑系统的具体结构，都绕不过 Cache 思想对系统性能的影响。

本实验通过一个简单的例子，验证 Cache 对系统性能的影响。请按要求完成实验，获得实验数据，并对实验结果给出合理的解释。

### 4.3.2 实验目的

（1）了解 Cache 对系统性能的影响。

（2）了解基于体系结构的算法设计思想。

### 4.3.3 实验器材

PC 计算机一台、VMware 虚拟机、Ubuntu 10 linux 操作系统。

### 4.3.4 实验内容

（1）用 C 语言实现矩阵（方阵）乘积一般算法（程序 1），填写表 4-2。

**表 4-2 一般算法**

| 矩阵大小 | 100 | 500 | 1000 | 1500 | 2000 | 2500 | 3000 |
|---|---|---|---|---|---|---|---|
| 一般算法执行时间 | | | | | | | |

（2）程序 2 是基于 Cache 的矩阵（方阵）乘积优化算法，填写表 4-3。

**表 4-3 优化算法**

| 矩阵大小 | 100 | 500 | 1000 | 1500 | 2000 | 2500 | 3000 |
|---|---|---|---|---|---|---|---|
| 优化算法执行时间 | | | | | | | |

（3）计算优化后的加速比。

### 4.3.5 实验原理

本实验采用控制变量的方法。矩阵大小相同时比较两种算法的优劣。在相同算法中采用改变矩阵大小的方式，使结果更加准确。

### 4.3.6　实验步骤

（1）编译并运行程序，记录相关数据。

（2）不改变矩阵大小时，编译并运行程序 2，记录相关数据。

（3）改变矩阵大小，重复（1）、（2）两步。

（4）通过以上的实验现象，分析出现这种现象的原因。

### 4.3.7　实验结果分析

（1）用 C 语言实现矩阵（方阵）乘积一般算法（程序 1），如表 4-4 所示。

**表 4-4　一般算法的实现**

| 矩阵大小 | 100 | 500 | 1000 | 1500 | 2000 | 2500 | 3000 |
|---|---|---|---|---|---|---|---|
| 一般算法执行时间 | 0. 008926 | 0. 672795 | 12. 809652 | 56. 7091 | 140. 868493 | 326. 917257 | 555. 949695 |

实验运行截图，如图 4-7 所示。

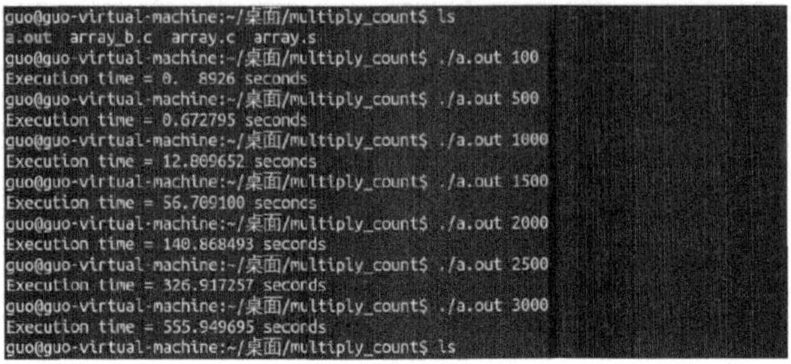


**图 4-7　一般算法运行**

（2）程序 2 是基于 Cache 的矩阵（方阵）乘积优化算法，如表 4-5 所示。

**表 4-5　优化算法的实现**

| 矩阵大小 | 100 | 500 | 1000 | 1500 | 2000 | 2500 | 3000 |
|---|---|---|---|---|---|---|---|
| 优化算法执行时间 | 0. 009307 | 0. 492391 | 4. 143647 | 14. 232603 | 32. 163797 | 62. 408142 | 106. 254397 |

实验运行截图，如图 4-8 所示。

**图 4-8　运行优化算法**

（3）计算优化后的加速比。

N = 100，0. 008926/0. 009307 = 0. 9591

N = 500，0. 672795/0. 492391 = 1. 3664

N = 1000，12. 809652/4. 143647 = 3. 0914

N = 1500，56. 709100/14. 23260 = 3. 9845

N = 2000，140. 868493/32. 163797 = 4. 3797

N = 2500，326. 917257/62. 408142 = 5. 2384

N = 3000，555. 949695/106. 254397 = 5. 2323

N = 3500，1022. 293584/173. 788575 = 5. 8823

N = 4000，1427. 328721/254. 849661 = 5. 6007

根据矩阵规模和加速比之间的关系如图 4-9 所示。

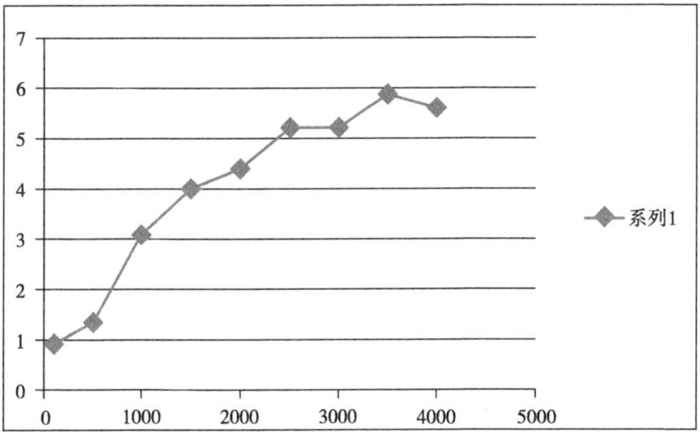


图 4-9　矩阵规模和加速比之间的关系

## 4. 3. 8　实验结论

（1）当矩阵规模较小时，优化算法需要对矩阵进行转置，额外消耗资源。此时优化算法所耗时间比不优化所耗时间多。

（2）当矩阵规模较大时，优化算法对矩阵进行转置所消耗的时间相比计算矩阵的时间很小，这时算法所耗时间就取决于如何将程序调入 Cache 块中。当矩阵规模增大时，优化算法所用的时间明显比不优化算法所耗时间短。

（3）在矩阵规模增加的前期，随着矩阵规模增加，加速比也逐渐增加。当矩阵增加到一定阶段时，加速比也就相对比较稳定。

（4）进行大规模矩阵相乘运算时，首先得对矩阵算法进行优化，这样才能提高运算效率。

### 4.3.9 附录

程序 1：

```
#include <sys/time. h>
#include <unistd. h>
#include <stdio. h>
main (int argc, char * argv [ ] )
{
    float *a, *b, *c, temp;
    long int i, j, k, size, m;
    struct timeval time1, time2;
    if (argc < 2) {
    printf (" \ n \ tUsage:%s <Row of square matrix> \
n", argv [0] );
    exit (-1);
    }
    size = atoi (argv [1] );
```

```
m = size * size;
a = (float *) malloc (sizeof (float) * m);
b = (float *) malloc (sizeof (float) * m);
c = (float *) malloc (sizeof (float) * m);
for (i = 0; i < size; i++)
for (j = 0; j < size; j++) {
 a [i * size + j] = (float) (rand ( ) % 1000 /
100.0);
 b [i * size + j] = (float) (rand ( ) % 1000 /
100.0);
    }
gettimeofday (&time1, NULL);
for (i = 0; i < size; i++)
for (j = 0; j < size; j++) {
c [i * size + j] = 0;
for (k = 0; k < size; k++)
c [i * size + j] += a [i * size + k] * b [k * size
+ j];
    }
gettimeofday (&time2, NULL);
time2.tv_ sec -= time1.tv_ sec;
time2.tv_ usec -= time1.tv_ usec;
if (time2.tv_ usec < 0L) {
time2.tv_ usec += 1000000L;
time2.tv_ sec -= 1;
}
```

```
        printf ("  Execution time =%ld.%6ld seconds \ n",
time2.tv_ sec, time2.tv_ usec);
        return (0);
    }
```

程序 2:

```
    #include <sys/time.h>
    #include <unistd.h>
    #include <stdio.h>
    main (int argc, char *argv [] )
    {
        float *a, *b, *c, temp;
        long int i, j, k, size, m;
        struct timeval time1, time2;
        if (argc < 2) {
        printf ("  \ n \ tUsage:%s <Row of square matrix> \
n", argv [0] );
        exit (-1);
        }
        size = atoi (argv [1] );
        m = size * size;
        a = (float * ) malloc (sizeof (float) * m);
        b = (float * ) malloc (sizeof (float) * m);
        c = (float * ) malloc (sizeof (float) * m);
        for (i = 0; i < size; i++)
        for (j = 0; j < size; j++) {
        a [i*size+j] = (float) (rand ()%1000/100.0);
```

```
        c [i * size+j] = (float) (rand ()%1000/100.0);
    }
        gettimeofday (&time1, NULL);
        for (i = 0; i < size; i++)
        for (j = 0; j < size; j++) {
        b [i * size + j] = c [j * size + i];
        for (i = 0; i < size; i++)
        for (j = 0; j < size; j++) {
        c [i * size + j] = 0;
        for (k = 0; k < size; k++)
        c [i * size+j] +=a [i * size+k] * b [j * size+k];
    }
        gettimeofday (&time2, NULL);
        time2.tv_ sec -= time1.tv_ sec;
        time2.tv_ usec -= time1.tv_ usec;
        if (time2.tv_ usec < 0L) {
        time2.tv_ usec += 1000000L;
        time2.tv_ sec -= 1;
    }
        printf (" Execution time =% ld. % 6ld seconds \ n",
time2.tv_ sec, time2.tv_ usec);
    }
        return (0);
    }
```

# 参考文献


[1] David A. Patterson, JohnL. Hennessy. Computer Architecture - A Quantitative Approach (Second Edition). Morgan Kaufmann Publishers, Inc. 1996.

[2] http://www.cs.wisc.edu/~arch/www/tools.html.

[3] John L. Hennessy, David A. Patterson. Computer Architecture: A Quantitative Approach [M]. 4th Ed. San Francisco: Morgan Kaufmann, 2007.

[4] 郑纬民，汤志忠. 计算机系统结构 [M]. 北京：清华大学出版社，2005.

[5] 张晨曦，王志英，刘依等. "计算机系统结构"课程内容体系的研究 [J]. 计算机教育，2009 (20)：57-60.

[6] 张晨曦. 计算机系统结构实践教程 [M]. 北京：清华大学出版社，2010.

[7] 沈立，肖侬，王志英. 计算机体系结构实验 [M]. 北京：清华大学出版社，2010.

[8] Marcel Gagne. Linux 系统管理用户指南. 栗庆丰，常小波译. 北京：清华大学出版社，2003：135-178.

[9] 王志英，张春元，沈立等. 计算机体系结构 [M]. 北京：清华大学出版社，2010.

[10] 张晨曦，王志英等. 计算机系统结构 [M]. 北京：高等教育出版社，2008.